# Agentes en el fútbol: ¿Los dueños de la pelota?

Mauricio Alvarez y Leonardo Miranda

Agentes en el fútbol: ¿Los dueños de la pelota?

© Autores:

Mauricio Alvarez y Leonardo Miranda

**Diseño portada:**
Cristian Parra

**ISBN:**

**978-956-410-040-1**

**Edición:**
Abril 2002 y actualizada 2022

# ÍNDICE

A mis padres y hermanos por haber confiado en mí y
brindarme su cariño y comprensión. Así como a toda
mi familia, especialmente a mi abuelita.

**Mauricio**


A mi familia por el irrestricto apoyo entregado, así
como a todas las personas que de una u otra forma
me alentaron a seguir esta senda.

**Leonardo**

*"El fútbol es el deporte más lindo y más sano del mundo. Eso no le quepa la menor duda a nadie, porque si se equivoca uno, no tiene que pagar el fútbol. Yo me equivoqué y pagué, pero la pelota no se mancha".*
**Diego Armando Maradona**

# PRESENTACIÓN

Junto con el contrabando de armas y el narcotráfico, el fútbol es considerado como una de las tres actividades que más dinero producen en el mundo.

Ya hacia 1999, una investigación efectuada por la revista argentina "Marcha" arrojó que este deporte movía anualmente la no despreciable suma de 250 mil millones de dólares y generaba trabajo para 250 millones de personas. Dos décadas después, un estudio de la cconsultora Deloitte subió está cifra a los... 500 mil millones de dólares anuales.

Los inmensos recursos monetarios comenzaron a girar en torno a esta práctica desde su profesionalización, la que se inició en la década de los cincuenta. Con el paso de los años se despertó el interés de un grupo de hombres que vieron en el balompié una nueva fuente para efectuar negocios y, claro está, obtener ganancias.

 Puntualmente, sus operaciones comerciales se centraron en un terreno de bajo perfil en el ámbito de este deporte: la transferencia o contratación de jugadores por parte de los clubes. De esta forma, surgió la nueva figura que comenzó a servir de nexo entre equipo y futbolista: el representante.

Como suele suceder en prácticamente todas las actividades donde interviene el hombre, la necesidad de contar con un talento implica la inversión de fuertes sumas de dinero. El fútbol no escapa a este fenómeno.

Basta mencionar que en 2017 el club francés Paris Saint Germain pagó a su par español Barcelona la friolera de 222 millones de euros para contratar los servicios del seleccionado brasileño Neymar Jr.

Con respecto al real aporte de estos agentes en la actividad deportiva se han tejido las más variadas opiniones. Sus defensores sostienen que su presencia es necesaria, ya que entrega a los jugadores un valioso asesoramiento legal a la hora de concretar un fichaje proporciona la posibilidad de aspirar a mejores contratos y abre nuevos mercados.

En cambio, sus detractores los consideran como unos "simples mercaderes que usufructúan del fútbol", se enriquecen a costa de sus representados y lo único que hacen es encarecer los costos de una transacción.

Esta última percepción se agudizó, en el medio deportivo mundial, luego que a mediados del 2000 se suscitara, en Europa, un escándalo que involucró a varios manejadores en la falsificación de pasaportes de jugadores provenientes de América y África, con el objetivo de que estos no ocuparan cupo de extranjeros en los clubes de la Unión Europea (UE).

En aquel entonces, la Unión Europea de Fútbol Asociado (UEFA) establecía que cada institución podía contar sólo con cinco futbolistas extracomunitarios.

A Chile el tema lo afectó directamente. Dos compatriotas fueron sorprendidos portando pasaporte comunitario falso (Pablo Contreras, quien militaba en el Mónaco de Francia, y Alejandro Escalona, del Benfica de Portugal). En tanto, Cristián Uribe (Benfica de Portugal) y Juan Francisco Viveros (Sporting de Lisboa, Portugal) retornaron al país antes de ser investigados por las autoridades lusas.

A partir de estos hechos se comenzó a cuestionar si la labor del representante era legal y éticamente correcta. Entonces, nació en nosotros el interés de conocer cuál es la verdadera dimensión de este personaje, así como también intentar desentrañar si su presencia es o no un aporte para el desarrollo del fútbol, deporte cuyos primeros antecedentes directos se encuentran en las milenarias culturas del Lejano Oriente.

personaje, así como también intentar descifrar
su presencia es o no
fútbol deporte cuyos primeros antecedentes directos

**Parte I**
**UN DEPORTE CON HISTORIA**

Desde tiempos inmemoriales, los seres humanos se
las han ingeniado para crear actividades que les
permitan divertirse. En muchos casos, estas formas de
esparcimiento se tradujeron en juegos en los cuales
los participantes podían hacer gala de su agilidad,
destreza e inteligencia.

Con el paso de los siglos, uno de estos
entretenimientos alcanzó tal grado de difusión y
aceptación que hoy prácticamente nadie en el mundo
desconoce su existencia. De él incluso se ha dicho que
no es un sustantivo, sino "un verbo que tiene vida y
lenguaje propio".

Conocido popularmente como el "Deporte Rey" y
considerado como uno de los fenómenos
socioculturales más importantes de la historia
contemporánea, el fútbol nació como un sencillo
pasatiempo, en donde dos equipos con un
indeterminado número de jugadores perseguían un
balón. No había orden ni reglas.

Esta práctica deportiva, según sus analistas y entre los
cuales sobresale el "Padre de los Mundiales", el
francés Jules Rimet, tiene orígenes muy antiguos. Los
primeros antecedentes del juego se sitúan en China,
alrededor de los siglos III y II antes de Cristo.

Esta actividad se llamaba "Tsu-Chu", que inicialmente
surgió como un método de adiestramiento militar y
consistía en lanzar con el pie una bola de cuero rellena
con plumas y pelos a una pequeña red que tenía una
apertura de 30 a 40 centímetros, ubicada en largas
varas de bambú.

Posteriormente, su práctica pasó a Japón. Ahí recibió el nombre de "Kemari", cuyo primer registro se sitúa en el siglo III después de Cristo. A diferencia del chino, el estilo nipón era un ejercicio ceremonial. Los participantes debían pasarse el balón sin dejar que tocara el suelo. Para lograr este objetivo se podían usar los pies, las rodillas e incluso la cabeza.

Mucho más animado era el "Epislcyros" griego, del cual se sabe muy poco, al igual que el "Harpastum" romano, muy popular entre los años 700 y 800 después de Cristo.

Con respecto a esta última actividad, el investigador alemán Wilfried Gerhardt revela en su artículo titulado: "Sobre la colorida historia de un juego fascinante" que era animado por "dos equipos en un terreno rectangular, limitado por rayas de marcación y dividido por una línea mediana. Se hacían pases, se eludía, los integrantes de un cuadro tenían diferentes tareas tácticas y el público los incitaba, con gritos, en sus rendimientos y resultados".

Desde Italia, los romanos introdujeron este juego en Gran Bretaña, a pesar de que los historiadores dudan en considerar a los itálicos como los precursores del fútbol.

De hecho, los expertos coinciden en que el desarrollo moderno de este deporte tuvo como escenario las islas británicas. Ahí comenzó su evolución. Se estima que fue a partir del siglo VIII. En ese tiempo el juego se diferenciaba notoriamente de la forma actual: no estaba regulado, el balón podía ser golpeado con todas las partes del cuerpo, se llevaba a cabo en cualquier superficie y no tenía limitación en su número de participantes.

En todo caso, su desarrollo en Gran Bretaña no estuvo

exento de hechos anecdóticos. Cronistas locales de la Edad Media aseveran que en el primer cotejo que se jugó entre representativos de los pueblos de Kingston y Chester se usó como bola una cabeza humana, testa que habría pertenecido a un Rey danés derrotado en una épica batalla.

Los narradores también dejan constancia en sus escritos que, durante largos períodos de la vida inglesa, los monarcas de turno dictaron leyes para abolirlo.

Uno de ellos fue el Rey Eduardo III, quien en 1331 aprobó un enérgico decreto con el cual quiso eliminar el balompié, con el argumento de que provocaba "escándalo público". Prohibiciones similares fueron adoptadas por los soberanos ingleses durante la "Guerra de los Cien Años" (1338-1453).

Pero mientras en Gran Bretaña el fútbol enfrentaba serios inconvenientes para su práctica, en Italia ocurría exactamente lo contrario. Entre los siglos XVI y XVII, en pleno Renacimiento, en las ciudades de Florencia y Venecia se consolida el "Calcio" (*giuoco del calcio*, 'juego de la patada'), un torneo relativamente reglado -con equipos de 27 jugadores y dirigido por seis árbitros- que se realizaba en los días festivos.

Sin embargo, el desarrollo del "Calcio" italiano no logró influenciar el juego en las islas británicas, donde el desorden y la violencia eran la tónica. Estas actitudes dieron pie para que fuera acusado de crear tumultos y daños materiales. Para poner coto a la situación, las autoridades promulgaron, en 1608, una disposición que prohibía su práctica a todas las personas.

De ahí en adelante esta actividad recreativa se convirtió en un "tabú" por los próximos trescientos años, lo que conspiró contra su evolución. Pero a pesar de las trabas, siguió con vida y fue ganando espacios en los colegios públicos de Inglaterra. Se comenzaron a reconocer sus valores educacionales, desterrando así el estigma de ser considerado como una "perdición para la juventud".

En 1846 un grupo de aficionados se reunió en la Universidad de Cambridge, en el primer intento serio de estandarizar el juego, lo que se plasmó en las denominadas "reglas de Cambridge". Sin embargo, esta normativa dio origen a dos formas de ver este deporte: mientras en algunos colegios se permitía llevar el balón con la mano, en otros era prohibido utilizar otra extremidad que no fueran los pies.

Solamente en 1863 se dio un impulso definitivo por regular la actividad. Los delegados de once clubes y varias escuelas asistieron a una reunión para establecer una legislación común para practicarlo.

Entre los puntos más discutidos estuvo la posibilidad de llevar la pelota con los dedos. Finalmente, en el último encuentro, celebrado el 8 de diciembre de ese año, esa idea fue rechazada por la mayoría de los presentes, lo que motivó a los defensores de esta moción a retirarse y formar un nuevo deporte: el rugby.

A la par con esta definitiva división, en 1863 se funda la Asociación Inglesa de Fútbol, que en 1871 ya contaba con 50 equipos. Ese mismo año, se celebró la primera competencia organizada del mundo: la Copa de Inglaterra.

En 1872 se disputó el primer partido internacional, que enfrentó a las selecciones de Escocia e Inglaterra.

Pero el surgimiento del balompié organizado, junto con el creciente número de espectadores, trajo consigo algunos problemas tales como la profesionalización del deporte. La primera reseña al respecto se remonta a 1879, cuando el Darwen, un pequeño club de la localidad inglesa de Lancashire empató dos partidos con el poderoso cuadro londinense de Old Etonians.

En la primera institución jugaban dos escoceses, John Love y Fergus Suter, quienes habrían sido los primeros en recibir algún tipo de salario. Esta práctica se multiplicó de tal forma que la Federación se vio obligada a legalizarla en 1885, abriendo las puertas al profesionalismo.

Tras el nacimiento de la Asociación Inglesa de Fútbol, Escocia (en 1873), Gales (en 1875) e Irlanda (en 1880) crearon sus propias federaciones. Otros países como Holanda (1889), Argentina (1893), Chile (1895), Italia (1898), Alemania (1900) y España (1905) también organizaron sus ligas.

La creciente masificación del balompié motivó la necesidad de aglutinar en un órgano rector de carácter mundial a todas las naciones donde se practicaba este deporte. Este trascendental paso se produjo en mayo de 1904, cuando siete países europeos (Bélgica, Dinamarca, España, Francia, Holanda, Suecia y Suiza) fundaron en París la Federación Internacional de Fútbol Asociado (FIFA).

En 1912, este organismo contaba con 21 asociaciones nacionales afiliadas. En 1930, con ocasión del primer Campeonato Mundial de Fútbol que se celebró en Uruguay, existían 41 naciones confederadas. En 1950, cuando a causa de la interrupción ocasionada por la Segunda Guerra Mundial (1939-1945) se organizó por tercera vez una cita mundialista, esta cifra alcanzaba a 73.

Con la llegada del siglo XX comienza a imponerse el profesionalismo. Hasta 1950, los jugadores tenían otros oficios que compartían con su afición al balompié. A partir de ese año, con motivo de la celebración del Mundial en Brasil, empieza a hacerse común en Europa la práctica de pagar dinero a los deportistas que integraban sus selecciones, ya que por cada evento estos hombres pasaban cerca de dos meses lejos de sus hogares.

Posteriormente, este sistema comenzó a ser usado en las asociaciones de los restantes continentes, así como también en los clubes locales, lo que consolida definitivamente la profesionalización de este deporte. Desde la creación de la FIFA el número de afiliados ha ido en aumento, a tal nivel que actualmente agrupa a 211 asociaciones o federaciones de fútbol de distintos países, contando con 17 miembros más que la Organización de las Naciones Unidas-, y en todo el mundo más de 200 millones de personas practican esta actividad ya sea en forma profesional o amateur.

**El nacimiento del fútbol en Chile**

Hacia fines del siglo XIX, como ocurrió en todos los Estados de Sudamérica, los ingleses introdujeron el balompié a nuestro territorio.

De hecho, la primera liga nacional, la "Football Association of Chile", surgió el 19 de junio de 1895 por iniciativa de la colonia británica residente en Valparaíso. En esa ciudad se formaron las primeras instituciones deportivas del país.

La reunión constitutiva de este organismo se realizó en un salón del "Café Pacífico" del puerto y asistieron dos comerciantes ingleses y un periodista, quienes eligieron a David Scott como el primer presidente del fútbol federado.

En los siguientes años, los otros pasos se dieron rápidamente. Las entidades futbolísticas proliferaron en todo el país, desarrollándose la estructura institucional y la celebración de torneos. Tras esto, el balompié criollo inició su inserción internacional. En 1910, la Selección jugó en Buenos Aires su primer partido frente a su similar de Argentina, que se impuso por tres goles a uno.

Dos años después de este encuentro, la asociación - que en aquel entonces había cambiado su nombre por el de Federación de Fútbol de Chile- solicitó su afiliación a la FIFA, la que se formalizó el 30 de diciembre de 1912.

En el ámbito continental, en 1916, junto a Uruguay, Argentina y Brasil, Chile funda la Confederación Sudamericana de Fútbol (CSF), ente rector que actualmente agrupa a diez naciones de América del Sur y que organiza eventos a nivel de clubes y Selecciones. Al mismo tiempo, nacen los Sudamericanos de Fútbol (actual Copa América) y comienza el rodaje internacional de la "Roja".

Así, paulatinamente, la práctica del balompié comienza a tomar forma en nuestro país, situación gatillada, fundamentalmente, por el gran entusiasmo que demostró la afición local tras la participación del representativo nacional en el Mundial celebrado en Uruguay, lo que impulsó la fundación de la Liga Chilena Profesional de Fútbol en 1933.

Con esta designación se abre una etapa de mayores exigencias. En el aspecto deportivo se acepta la invitación para asistir a la Copa Mundial de Brasil 1950; la Selección Chilena obtiene el segundo lugar en el Sudamericano de 1955 y los clubes que participan en el campeonato local aumentan de ocho a catorce. En el ámbito directivo, el chileno Luis

Valenzuela Hermosilla es elegido presidente de la Confederación Sudamericana de Fútbol (1939-1955).

En 1951, se crea la Asociación Central de Fútbol (ACF) -organismo antecesor de la actual Asociación Nacional de Fútbol Profesional (ANFP)- que junto a la Asociación Nacional de Fútbol Amateur (ANFA) forman la Federación de Fútbol de Chile, con el objetivo de regular el ejercicio del deporte rentado y aficionado en lo concerniente a la inscripción de jugadores y al funcionamiento reglamentario de los equipos.

Actualmente la ANFP está integrada por 32 clubes que compiten en dos divisiones: la Primera A, actualmente con 17 equipos, que pasarán a 16 el 2022, y la Primera B, con 16. Así como en casi todo el mundo, la gran mayoría de estas instituciones poseen series inferiores, también denominadas "cadetes". Además, existen la Segunda, la Tercera A y B, que van desde lo semiprofesional a lo amateur.

A lo largo y ancho de nuestra geografía se puede estimar en un millón el número de personas que practican regularmente esta actividad, tanto en el ámbito profesional como aficionado.

**Futbolistas chilenos en el extranjero**

Todo futbolista nacional alberga desde su niñez la íntima ilusión de realizar una buena campaña en el campeonato local que le permita llegar a un club extranjero para consagrarse internacionalmente y, de paso, asegurar en gran medida su porvenir económico.

Durante la última década la afición deportiva chilena ha sido testigo de un auténtico "boom" de jugadores que parten a probar suerte a distintas ligas del mundo.

Actualmente, existen cerca de cuarenta compatriotas que integran instituciones foráneas. La mayoría de ellos se concentran en Europa, México y Argentina.

Este fenómeno no es de reciente data. Su primer antecedente directo se remonta a 1933. Ese año, Iván "Chincolito" Mayo se convirtió en el primer futbolista que militando en un club chileno (San Luis de Quillota) traspasó nuestras fronteras para ser fichado por un cuadro argentino. Firmó en Vélez Sarsfield, escuadra donde permaneció hasta 1938.

Los pasos de "Chincolito" fueron seguidos luego por Roberto Luco y Ascanio Cortés, quienes pasaron de Colo Colo y Audax Italiano, a los equipos bonaerenses de Boca Juniors y River Plate, en 1938 y 1939, respectivamente.

Otro traspaso que alcanzó notoriedad pública fue el del arquero Sergio Livingstone, por quien en 1943 el cuadro trasandino Racing de Avellaneda pagó 280 mil pesos a Universidad Católica, una cifra récord en aquel tiempo para el medio nacional.

Tras algunos años de pausa, el "éxodo" de jugadores chilenos al exterior experimentó un nuevo impulso gracias a la destacada participación que tuvo la Selección Nacional en el Mundial celebrado en nuestro país en 1962. La obtención del tercer lugar en este certamen permitió que varios futbolistas que integraban la "Roja" fueran transferidos a escuadras extranjeras.

Entre estos se pueden contar a Jaime Ramírez y Jorge Toro, quienes pasaron de Colo Colo a River Plate (Argentina) y a Sampdoria (Italia), respectivamente.

La suerte de estos deportistas fue disímil. Mientras Ramírez no rindió en la oncena riverplatense y tuvo que volver al cabo de una temporada, Toro mostró un buen rendimiento y se quedó largos años en Europa.

Otro compatriota que brilló en el exterior fue el defensa Elías Figueroa, quien tras jugar el Mundial de Inglaterra en 1966 emigró al año siguiente de Santiago Wanderers de Valparaíso a Peñarol de Montevideo, a cambio de 35 mil dólares más el pase del jugador uruguayo Alberto Ferrero y la recaudación de dos partidos amistosos.

Figueroa ha sido, hasta la fecha, el futbolista chileno que más galardones ha cosechado en el extranjero. Con Peñarol obtuvo los campeonatos de 1967, 1968, y 1969, siendo considerado el mejor jugador del torneo charrúa en 1967 y 1968. De ahí paso al Internacional de Porto Alegre (Brasil), donde nuevamente se convirtió en un gran aporte para que su club lograra los títulos nacionales de 1975 y 1976.

El ex defensor de Santiago Wanderers fue elegido el mejor zaguero central de la competencia brasileña durante las temporadas 1973, '74, '75 y '76 y el futbolista más valioso en 1975 y 1976. Por si esto fuera poco, fue consagrado como el mejor de América en 1974, 1975 y 1976.

Su última incursión en el exterior fue en la Liga estadounidense de Fútbol-Soccer (NASL), donde defendió los colores del *Fort Lauderdale Strikers*. Posteriormente, regresó a Chile y defendió los colores de Palestino y Colo Colo, anunciando luego su retiro.

Alberto Fouilloux e Ignacio Prieto, ambos de Universidad Católica, también lograron consolidar sus carreras en instituciones extranjeras. El primero hizo gala de su habilidad en el Lille de Francia, mientras que el segundo hizo lo propio en Nacional de Montevideo.

Otra figura que buscó mejores rumbos fue Carlos Caszely, quien dejó la institución colocolina en 1973 y se enroló en el Levante de España a cambio de US$ 180 mil. Después continuó su carrera en el Espanyol de Barcelona.

Tras el Mundial celebrado en 1982, Patricio Yáñez recaló en el Valladolid de España, tras comprar él mismo su pase a San Luis de Quillota en cerca de 170 mil dólares. El atacante cumplió a cabalidad con sus pergaminos y se quedó siete temporadas en la península ibérica, donde además vistió las camisetas del Zaragoza y del Betis.

La década de los '80 marcó la llegada de los traspasos millonarios. En 1988, Osvaldo Hurtado partió de la Universidad Católica al *Charleroi*, de Bélgica, por US$ 200 mil. Un año más tarde fue el turno de Hugo Rubio, quien pasó de Colo Colo al Bolonia, de Italia, por cerca de un millón y medio de la moneda norteamericana.

Este fenómeno se acentuó en el siguiente decenio. En 1996, el jugador Sebastián Rozental fue traspasado del cuadro cruzado al Glasgow Rangers de Escocia por 5,7 millones de dólares.

Tras la positiva participación de la Selección Nacional en el Mundial celebrado en 1998 en Francia, los defensas Pedro Reyes, de Colo Colo, y Javier Margas, de la Universidad Católica, fueron contratados por el club galo Auxerre y el inglés West Ham United, respectivamente. Con distinta suerte, el primero estuvo ligado al equipo francés durante tres temporadas, mientras que Margas no se acostumbró a la idiosincrasia de los británicos y después de jugar con intermitencia durante dos años se retiró de la actividad.

Otra importante transferencia fue la que protagonizó en 1999 el talentoso mediocampista David Pizarro, quien desde Wanderers pasó al Udinese de Italia en US$ tres millones. Sin embargo, el récord en este tipo operaciones se produjo al año siguiente, cuando el Sporting de Lisboa (Portugal) pagó siete millones de la divisa estadounidense para contratar al volante Rodrigo Tello, que entonces militaba en la Universidad de Chile.

Mención aparte merecen los connotados delanteros Iván "Bam Bam" Zamorano y Marcelo "Matador" Salas, quienes a punta de esfuerzo, calidad y goles pasearon el nombre de Chile por las competencias más importantes del mundo.

En el caso de "Bam Bam", su partida al extranjero fue posibilitada gracias a la intervención del empresario suizo Vinicio Fioranelli, que en 1988 pagó a su club de entonces, Cobresal, la suma de 350 mil dólares para adquirir su pase.

Su destino inicial era el Bolonia, de Italia, pero el técnico de esa oncena lo desechó, por lo que Zamorano partió a préstamo al Saint Gallen, de Suiza. Después de una excelente temporada, el club helvético decidió ficharlo desembolsando US$ 400 mil.

En 1990, el Sevilla, de España, canceló dos y medio millones de la moneda norteamericana para contar con sus servicios. Tras dos años, el Real Madrid puso sus ojos en el maipucino y lo fichó por 5,6 millones de dólares. En el club "merengue" logró fama mundial, al ser campeón y goleador en la temporada 1994/1995.

El delantero cumplió su contrato en la institución española y en 1996 partió al Inter de Milán, a cambio de US$ dos millones por temporada. En el "Calcio" no le fue tan bien y después de cinco años decidió emigrar al América de México.

Por su parte, Salas es uno de los futbolistas chilenos por quien más dinero se ha pagado en una transferencia entre clubes extranjeros. El "Matador", en 1994, se convirtió en un verdadero fenómeno durante su aparición en la Universidad de Chile. Con su talento y goles llevó a la "U" a conquistar un título nacional tras 25 años.

Posteriormente, el atacante fue adquirido en 1996 por River Plate en US$ 4,5 millones y después de ganar varios títulos se marchó en 1998 a la Lazio (Italia) por 17,5 millones de dólares. El 2001 volvió a marcar un nuevo récord en materia de traspasos al ser adquirido por la Juventus de Turín en 22 millones de la moneda estadounidense.

**México: un mercado por excelencia**

Sin lugar a duda la competencia mexicana es el mercado foráneo donde más jugadores chilenos han llegado a probar suerte. El primer compatriota en arribar a ese país fue el hábil mediocampista de Audax Italiano Carlos Reinoso. Durante su estada logró dos títulos nacionales con el club América. Hasta hoy la afición azteca lo considera como uno de los mejores extranjeros que han pasado por sus canchas.

Su senda fue seguida por el jugador de Universidad de Chile Roberto Hodge, quien triunfó en el América y en la Universidad Autónoma de México.

Otro caso notable fue el de Alberto Quintano, quien en 1971 pasó de la "U" al Cruz Azul. El defensa central se convirtió en el primer forastero en vestir los colores de este cuadro, ligado a una empresa cementera. Pero este no fue su único logro, ya que llevó a su equipo a ganar los títulos nacionales del '72 al '74 en forma consecutiva.

"Allá siempre ha sido difícil triunfar; muchos dicen que lo han hecho, pero la realidad es que somos unos pocos. El fútbol mexicano es especial, con mucho énfasis en lo físico, con climas complicados y sobre todo con alta exigencia profesional, debido a que la mayoría de los clubes son parte de la imagen corporativa de grandes empresas. Y, en ese contexto, no a cualquiera le va bien", afirma Quintano.

El mismo año Osvaldo Castro arregló sus maletas y dejó Deportes Concepción para enrolarse en el América, donde compartió equipo y honores con Reinoso. Posteriormente fue el turno de Miguel Ángel Gamboa, quien militó durante tres temporadas en la Universidad Autónoma de Guadalajara (UAG), convirtiéndose en su máximo goleador.

El delantero Marco Antonio Figueroa llegó a México en 1984, cuando sólo tenía 22 años. De Everton pasó al Morelia, donde aún después de su retiro sigue siendo uno de los máximos ídolos de la afición local.

Otro que dejó su huella en tierras aztecas fue Ivo Basay, quien tras estar tres temporadas en el *Stade de Reims* (de la Segunda División de Francia) fichó por el Necaxa. El atacante con la camiseta de los "rayos" fue goleador, mejor extranjero, mejor jugador y campeón en 1995, en un cuadro que además contaba en sus filas con el también chileno Eduardo Vilches.

Mientras, los futbolistas Gustavo Moscoso, Carlos Poblete, Oscar Rojas y Jorge Aravena fueron pilares fundamentales para sacar campeón por única vez en su historia al Puebla, en tanto que Juan Carlos Vera fue reconocido por varios años como uno de los principales ídolos de la Universidad Nacional Autónoma de México (UNAM).

También destaca Rodrigo Ruiz, ex delantero de la Unión Española, quien a partir de 1993 jugó regularmente en el torneo mexicano, vistiendo la camiseta de varios clubes, como el Santos de Torreón, escuadra con la que obtuvo el título del Torneo de Verano del año 2001.

Por último, resaltan los casos de Claudio Núñez, que en 1995 fue comprado al Wanderers por el club Tigres de Monterrey; Fabián Estay (alcanzó dos títulos con el Toluca) y Ricardo Rojas, quienes junto a Iván Zamorano integraron el plantel del América; y Reinaldo Navia, cuyo pase fue adquirido por el Tecos de Guadalajara a la oncena de Valparaíso por dos millones de dólares.

**El aporte de los mundiales**

La llegada de tantos futbolistas chilenos a los torneos mexicano, argentino, español, italiano, francés e inglés se debió en gran medida a la definitiva consolidación comercial de los campeonatos mundiales de fútbol.

De los 21 certámenes de este tipo que se han celebrado hasta la fecha, la Selección Nacional ha participado en nueve: Uruguay 1930; Brasil 1950; Chile 1962; Inglaterra 1966; Alemania 1974; España 1982; Francia 1998; Sudáfrica 2010 y Brasil 2014.

A partir de los años '50 los Mundiales dejaron de ser una gran competencia que agrupaba a los mejores equipos de los cinco continentes. Pasaron a convertirse, en la práctica, en lo más parecido a una "bolsa de comercio", donde intermediarios y veedores se reúnen durante un mes para analizar y evaluar a aquellos jugadores con suficiente potencial y talento para ser contratados por los cuadros más poderosos de Europa y Sudamérica.

Como lo afirmó Settimio Aloisio, agente argentino, desde 1990 las posibilidades de transferir jugadores se hicieron más patentes, sobre todo porque los empresarios entraron con fuerza en el mercado y cada futbolista se hizo de los servicios de uno de ellos para que velara por sus intereses. Ahora son muy pocos los que no se manejan con un hombre dedicado a conseguir buenos contratos, claro está a cambio de una jugosa ganancia.

En todo caso, la aparición de estos manejadores no es un hecho reciente. Su irrupción va de la mano con la definitiva profesionalización del fútbol, fenómeno que se consolidó a partir de la segunda mitad del pasado siglo.

**Parte II**
**APARICIÓN DE LOS AGENTES**

A mediados de la década de los cincuenta ya comienza a ser habitual la práctica de traspasar jugadores de un equipo a otro. Como reconocen varios testigos de la época, lo usual era que estos tratos se cerraran mediante pequeñas sumas de dinero.

La transferencia también podía adoptar la modalidad de un "intercambio" de deportistas -según las necesidades de las instituciones involucradas-, o bien implicar el paso de una figura a cambio de un juego de camisetas, pelotas e, incluso, de animales. Sin embargo, la economía moderna y la incipiente profesionalización del fútbol convirtieron en anacrónicas estas dos últimas variantes, por lo que se impuso, finalmente, el uso del efectivo como medio de pago para sellar una transacción.

El capital comienza a imponer su ley. La frase "sin dinero sobre la mesa no hay venta" comienza a ser un lugar común en el léxico de los directivos de los clubes, ya que el papel moneda permitía la entrada de nuevos recursos que podían ser utilizados para adquirir implementación deportiva o invertir en infraestructura.

Pero el profesionalismo también alcanza a los principales actores de esta actividad. Ante el creciente grado de compromiso con la institución que exigían los dirigentes, los futbolistas empiezan a reclamar la necesaria prestación económica por sus servicios: el pago regular de un salario.

Lentamente, los cuadros dirigenciales van aceptando esta realidad. Eso sí, en un principio son los propios deportistas quienes comienzan a negociar sus contratos y premios.

A juicio del periodista chileno José González, quien fuera editor de la revista "Triunfo" del diario La Nación, fue la propia dinámica de las negociaciones la que generó en los jugadores la necesidad de contar con un "auxiliar" que velara por sus intereses.

"En un principio los directivos de los clubes imponían con omnipotencia sus términos. Ante esta situación, y dada la casi nula capacidad de negociación que poseían los jugadores y su baja preparación para enfrentar este hecho, se hizo absolutamente indispensable para ellos tener a su lado una persona fría, que viera las cosas desde fuera para sacar en estas conversaciones el mayor beneficio en su favor", asegura.

Esta posición es compartida por el investigador español Vicent Chilet, quien asevera que "en el balompié, esa asistencia surge como una necesidad práctica e indispensable de su propia evolución".

Pero Chilet va más allá, al postular que los primeros vestigios del representante se encuentran en el oficio del mánager pugilístico. "Este personaje hacía las veces de apoderado, director técnico y hasta de entrenador. Programaba combates, el ritmo de vida y hasta la dieta alimenticia de su pupilo. Guardando las proporciones y utilizando la analogía, cumplía una labor similar a la que actualmente cumple un agente", afirma.

Para el especialista español, uno de los primeros apoderados que comenzó a actuar como tal en el mundo fue el madrileño Ángel Rodríguez, quien irrumpió en el fútbol ibérico en 1950. "La operación que lo encumbró a la fama fueron los traspasos, del Celta de Vigo al Real Madrid, del delantero Pahiño y del mediocampista Miguel Muñoz, a la postre insignes figuras de la historia madridista", apunta.

Según Chilet, Rodríguez, apodado el "Feo", contribuyó decisivamente para que los intermediarios comenzaran a salir de la "clandestinidad y el anonimato".

En el caso puntual de Chile, el primer empresario futbolístico que alcanzó notoriedad pública fue el trasandino Agustín Ratinoff, que en la década de los sesenta era el encargado de traer a los equipos extranjeros -entre ellos el Santos, de Brasil (en el que militaba Pelé), y el Dínamo, de Kiev (ex URSS), - que tomaban parte en los antiguos hexagonales de verano.

"Ya en aquel tiempo él operaba como representante. Normalmente, con cada torneo traía algunos futbolistas foráneos, en su gran mayoría de origen argentino, que anclaban en instituciones capitalinas y de provincia", recuerda el ex seleccionado nacional Carlos Caszely.

El "legado" de Ratinoff fue recogido algunos años después, específicamente en 1970 por el entonces gerente del club Audax Italiano, Francisco Hernández, quien negoció con éxito la transferencia a México del volante nacional Carlos Reinoso. El propio Hernández realizó la venta, de la cual obtuvo un porcentaje monetario.

El traspaso de Reinoso abrió un nuevo mercado para los jugadores nacionales. Futbolistas de la talla de Alberto Quintano y Osvaldo Castro, entre otros, pudieron emigrar a la liga azteca gracias a las gestiones de intermediarios chilenos y extranjeros.

A nivel mundial, el cambio radical para el balompié se inició con la elección del brasileño Joao Havelange como presidente de la FIFA, quien deja de lado la visión romántica de su antecesor, el británico Sir Stanley Rous, para transformar al fútbol internacional en una actividad rentable desde todo punto de vista.

"El fútbol cambia como actividad a partir de 1974, cuando llega Joao Havelange. Él Logró unificar el deporte con lo económico. Su visión de mercado fue excepcional. Promovió la televisación de campeonatos, la publicidad estática y el *merchandising* (venta de productos de mercadeo, tales como camisetas y llaveros)", explica Julio Grondona, ex titular de la Asociación de Fútbol de Argentina (AFA) y ex vicepresidente de la FIFA.

Según Grondona, esta revolución se convierte en realidad a partir del Mundial de 1978 que se celebró en Argentina. "Fue el primer torneo de ese tipo de Havelange y fue ahí donde pudo poner en marcha todas sus ideas. Esa competición, sin lugar a duda, cambió la historia económica y financiera del balompié", apunta.

Para el dirigente argentino, el recambio de autoridades coincidió con otros dos fenómenos que influyeron notablemente en la consolidación del llamado "fútbol-empresa": la irrupción de la televisión y la incursión de las compañías de artículos deportivos en el medio.

Los derechos de transmisión de certámenes nacionales, continentales y mundiales comienzan a ser vendidos en millones de dólares, al tiempo que las grandes corporaciones -primero de implementos futbolísticos, a las que luego se suman otras de las más diversas áreas- empiezan a invertir en publicidad. Así, el negocio empieza a tomar forma.

Por lo tanto, comienza a operar la "política del chorreo", es decir, el dinero llegaba a la FIFA la que, a su vez, lo distribuía entre sus asociados, permitiéndoles de esta forma mejorar sus competiciones internas.

Otro punto significativo fue la creación de la liga de Estados Unidos en 1974, donde las principales figuras del mundo, incluido el que es para muchos el mejor futbolista de la historia, el brasileño Edson Arantes do Nascimento, Pelé (pasó del Santos de Brasil al Cosmos de Nueva York por 5 millones de dólares), se fueron a jugar -tras aceptar suculentos contratos- con el fin de masificar este deporte en un país donde solamente los inmigrantes lo practicaban.

En medio de considerables inversiones, algunos empresarios aparecen para intervenir entre las partes involucradas.

A partir de la década de los '70 empieza a ser más habitual en el mundo la actuación de los agentes. Es así como el exfutbolista Carlos Caszely recuerda que durante su traspaso en 1973 al club español Levante interviene uno de los empresarios más conocidos en Europa por esos años.

"Con Colo Colo hicimos una gira a España y ahí me contacta un empresario, el 'chico' Toscan. Me comentó que el Real Madrid estaba interesado en contar con mis servicios, pero eso fracasó. Luego me dijo que había un equipo de Segunda División, el Levante, que deseaba contratarme. Entonces firmé", señala.

En Chile, en tanto, no se conocía este tipo de empresarios. Sólo los dirigentes intervenían en los traspasos. Al respecto, el ex seleccionado chileno expone que "algunos de ellos, solapadamente, las oficiaban de intermediarios. Era común que tuvieran que poner dinero de su bolsillo para costear los sueldos de los jugadores. Es por ello por lo que unos cuantos eran dueños de los pases de los futbolistas y, por lo tanto, en caso de una transferencia recuperaban su inversión y a veces un poco más".

Tanto Caszely como Hugo Rubio, ex jugador de Cobreloa, Colo Colo, Málaga (España) Bolonia (Italia) y Saint Gallen (Suiza) y otrora gerente de la empresa de representación de futbolistas Pass Ball, recuerdan que durante sus carreras se manejaron sin apoderados y que cuando tuvieron que pasar de un club a otro, las negociaciones se hicieron directamente entre las instituciones.

"Yo siempre me manejé solo, no tenía un empresario, no porque no lo necesitara sino más bien porque no existían en esos años o eran muy pocos los que se dedicaban a la actividad. Así que yo trataba directamente con los dirigentes. Eso sí, antes de suscribir el contrato se lo pasaba a un abogado de mi confianza para que lo revisara. Si me decía que estaba bien, firmaba", reconoce Rubio.

A mediados de los '80, la actividad de los intermediarios en nuestro país toma cuerpo. Aparecen los primeros que llevaron jugadores al exterior, dejando de lado la clandestinidad para presentarse oficialmente como agentes. Los precursores en este negocio fueron los ex futbolistas uruguayos Washington Castro y Pablo Tallarico, quienes jugaron en distintos clubes chilenos y que se asociaron para dedicarse de lleno a este trabajo.

En este período se inicia, en forma oficial, la historia de los apoderados en Chile. Coincidentemente, tanto en nuestro país como en el mundo su número comienza a crecer en forma indiscriminada, fundamentalmente debido a la intensificación de la actividad futbolística y a los beneficios que dejan las transacciones.

Para Settimio Aloisio, uno de los más conocidos representantes que en los años noventa operaron en Argentina, "el negocio explotó en el Mundial de Italia de 1990, cuando las principales instituciones del mundo empiezan a contratar a figuras de renombre. Ahí es donde apuntan los empresarios. Aunque creo que los iniciadores de esta labor fueron las compañías europeas. Ellas tuvieron la visión de comercializar, a través de los grandes deportistas, todos los productos de mercadeo".

De ser un puente entre un club y un jugador, el intermediario se convierte, a partir de la primera mitad de 1990, en una pieza clave en las renovaciones, fichajes y ventas de futbolistas, cobrando por ello, en ciertos casos, cifras que nublan la visión.

**Parte III**
**LOS INTENTOS POR NORMAR LA ACTIVIDAD**

### El escándalo del dorado

El 18 de enero de 1948, un equipo aficionado de Colombia derrotó por un gol a cero al Vélez Sarsfield, club de la Primera División del fútbol argentino. La noticia alcanzó insospechadas repercusiones en la sociedad colombiana, que apenas reconocía en el balompié una actividad de esparcimiento.

Este inesperado triunfo de una incipiente fuerza amateur sobre una prestigiosa potencia profesional en el ámbito sudamericano se convirtió, además, en el punto de partida para que un grupo de empresarios colombianos, con espíritu aventurero e innegable visión comercial, capitalizara los ecos del histórico resultado para plasmar la idea de crear un torneo nacional de fútbol.

Sin importar el delicado ambiente político-social que vivía el país, estos hombres de negocios crearon en Bogotá una entidad que bautizaron como Dimayor, encargada de estudiar y planificar la nueva competencia, que se inició oficialmente el 15 de agosto de 1948.

El torneo tuvo tanto éxito entre la afición futbolística local, que relegó a segundo plano a la Adefútbol, entidad con sede en la ciudad de Barranquilla que por aquel entonces integraba la FIFA. Las desavenencias entre la Dimayor y Adefútbol llegaron a tal punto, que el organismo rector del balompié mundial amenazó con retirar a Colombia su condición de asociado.

Este hecho era particularmente grave, ya que sin reconocimiento el fútbol colombiano debía cerrar las puertas a los jugadores extranjeros y negar la posibilidad de cumplir con partidos internacionales tanto dentro como fuera del país.

La Dimayor no se mostró dispuesta a cumplir estas medidas, por lo que desplegó una exitosa y costosa campaña en el exterior que atrajo a unos 300 jugadores, entre los que se hallaban varias estrellas del balompié mundial de aquellos días que llegaron a Colombia; el lugar ideal para mejorar sustancialmente sus ingresos.

De esta forma se inició en el país cafetero un brillante período que se conoció como la "Época del Dorado", donde deportistas de la talla de los argentinos Néstor Raúl Rossi, Alfredo Di Stéfano y Adolfo Pedernera, por sólo citar algunos, dieron muestras de su gran habilidad.

No obstante, este fenómeno generó un gran escándalo, puntualmente en lo concerniente al denominado "pase internacional" (permiso otorgado a un jugador por su federación nacional que le habilita para desempeñarse en un torneo extranjero) y en cuanto a quién correspondían los dineros de dichas transferencias.

Ante la carencia de una legislación que regulara estas situaciones, la FIFA decidió tomar cartas en el asunto y determinó, en 1951, expulsar a Colombia tras una denuncia de la Asociación de Fútbol de Argentina por la contratación de jugadores sin pases internacionales, sanción que duró hasta el 25 de octubre de 1954.

Este episodio de la historia del balompié colombiano hizo reflexionar a la FIFA y a las restantes estructuras ligadas al fútbol sobre la conveniencia de contar con una reglamentación que normara todos los aspectos relacionados con las transferencias.

Sin embargo, los agentes de futbolistas tuvieron que esperar hasta diciembre de 1990 para contar con un marco jurídico que delimitara su tarea.

**Razones de una carencia**

Según el periodista José González, la tardanza en contar con una legislación que regulara esta labor se debió fundamentalmente a que desde la década del '50 hasta poco antes de los '90, la gestión de los representantes de jugadores no era primordial al momento de sellar un traspaso o transferencia de un futbolista.

"En una entrevista que concedió hace un par de años al diario argentino La Nación el empresario futbolístico Settimio Aloisio, que representa a más de cien deportistas trasandinos, dijo muy certeramente que el negocio de los apoderados se consolidó a partir del Mundial de Italia en 1990. Previo a ese período, el protagonismo de los intermediarios se limitaba casi exclusivamente al aspecto monetario del fichaje de un jugador con un club o de un traspaso entre clubes", sostiene González.

Una opinión similar es la que plantea quien fuera asesor internacional de la Asociación Nacional de Fútbol Nacional (ANFP), Alfredo Asfura, quien afirma que "existen notables diferencias entre la forma en que los agentes de futbolistas hacían este tipo de negocios en el pasado y como lo hacen hoy".

Asfura explica que la FIFA se preocupa de estar "siempre al día" en materia reglamentaria, pero añade que es indudable que la evolución de la labor de los manejadores ha experimentado "un cambio radical, porque antes de la década de los '90 aspectos tales como el marketing o la presencia televisiva para promover un jugador no estaban tan posicionados en el ámbito futbolístico".

En tanto, para el abogado español Luis Marín Hita, especialista en Derecho Mercantil, la explicación de la demora en contar con una normativa que delimitara la actividad que realizaban los agentes pasa necesariamente por comprender la dinámica jurídica.

"A la hora de delimitar desde el punto de vista legal una situación no reglada, primero hay que a analizar la naturaleza de las relaciones en las que esa figura aparece involucrada, su contenido real y qué régimen jurídico existe respecto a formas afines o análogas", explica.

En este ámbito, Marín Hita expone que "primero el contexto socioeconómico propicia la existencia de la figura, institución o negocio atípico. Posteriormente, la doctrina y la jurisprudencia lo estudian y califican para, por último, ser el legislador, en este caso puntual la FIFA, el que lo tipifica o regula normativamente. Es por esto por lo que el Derecho siempre va uno o más pasos detrás de la realidad".

El abogado hispano puntualiza que en el caso de los representantes futbolísticos existía, hasta antes de 1990, una ausencia casi total de criterios doctrinales o jurisprudenciales, así como un escaso desarrollo de reglas jurídico-deportivas en el mundo, donde además se entremezclan normas internas de asociaciones deportivas internacionales con disposiciones estatales no siempre coincidentes, como lo demuestran conflictos tales como el de la libre circulación de los jugadores dentro de la Unión Europea.

A juicio de Marín Hita, otro aspecto que conspiró para no contar con una oportuna legislación al respecto fueron las variadas tareas que cumple un agente de futbolistas, algunas de las cuales se fueron generando paralelamente con la evolución del balompié profesional.

"Originalmente, el rol del apoderado era ayudar al deportista a la hora de tratar con un equipo determinado, pero luego se convirtió también en su asesor técnico-deportivo, su consejero financiero, llegando incluso a extremos como ser el dueño de su pase o ser dirigente de clubes", expresa el jurista.

**Los primeros reglamentos**

Sólo una vez que estas complejidades jurídicas fueron superadas, y ante la creciente irrupción de los agentes en el escenario futbolístico, la FIFA se decidió a elaborar un reglamento que normara su labor, el cual fue promulgado en diciembre de 1990.

Sin embargo, este primer esfuerzo del máximo organismo rector del balompié mundial contaba con falencias que, a poco andar, conspiraron contra su éxito, ya que, por ejemplo, el cuerpo normativo no especificaba con claridad las obligaciones de los apoderados, al tiempo que establecía sanciones poco efectivas en el caso de que sus disposiciones fueran vulneradas.

Además, el citado convenio nunca contó con el beneplácito de los involucrados, debido a que amenazaba con dejar fuera de circulación al 95% de los profesionales que asesoraban a los jugadores.

Ante esta realidad, la FIFA procedió a corregir esta reglamentación, cuya versión final entró en vigencia el 1 de enero de 1996. Esta definió al agente como "un consejero remunerado en el marco de la negociación que efectúe con un club o varios clubes".

Asimismo, el estatuto estableció un procedimiento para convertirse en representante, el cual consignaba que toda persona física (no admitía asociaciones) que deseara ejercer la actividad, debía dirigir una solicitud a la asociación de su país (en el caso chileno la ANFP), la que tendría que estar acompañada de un extracto del registro de antecedentes penales del solicitante.

En el caso de que la petición fuese admitida, el interesado era convocado por la asociación nacional de fútbol a una entrevista-evaluativa. Si salía aprobado, el postulante era notificado de que se le daría una licencia como agente de jugadores, previa revisión de sus datos por parte de la Confederación Sudamericana de Fútbol (CSF) y de la FIFA.

Si estos organismos no presentaban objeciones a la licencia, el peticionario debía ofrecer una garantía bancaria de 150 mil dólares. Al recibir este depósito, el organismo mundial extendía finalmente una credencial que lo habilitaba como representante, la cual era personal e intransferible.

Otro aspecto llamativo de este reglamento era el establecimiento de sanciones para los futbolistas y clubes que se relacionaran con apoderados que no figuraran como habilitados para ejercer la actividad.

Para los jugadores las penas iban desde la amonestación hasta la suspensión disciplinaria por un máximo de 12 meses; mientras que para los equipos oscilaban de la advertencia a la inhabilitación de toda actividad futbolística nacional e internacional.

Finalmente, este precepto exigía que el agente debía establecer por escrito su contrato con el deportista representado, por un período máximo de dos años, aunque prorrogables.

Pese a que se trataba de un estatuto más completo que el primero, que además otorgaba el rango de "agente FIFA" (con todas las garantías que esta categoría podía suponer), tampoco logró el objetivo para el cual había sido redactado.

"El gran problema de este reglamento es que las supuestas ventajas que ofrecía esta condición no eran más que algo nominal, ya que igualmente permitía que cualquiera pudiera intermediar, en mayor o menor grado, entre un club y otro" comentó el periodista José González.

"Además, los 150 mil dólares que se exigía como garantía era una cifra demasiado restrictiva para los agentes más modestos. De hecho, en Chile solamente Pablo Tallarico pagó para obtener la licencia", añadió.

Estas dos disposiciones motivaron a la gran mayoría de los cerca de seis mil manejadores que por el entonces operaban en el mundo a no convertirse en agentes FIFA. Sólo 559 lo hicieron.

En el caso de América Latina, veinte apoderados lograron su licencia en Brasil; trece en Argentina; cinco en Paraguay; tres en Uruguay y México; dos en Colombia, uno en Perú y uno en nuestro país. Mientras que, en Europa, 87 se acreditaron en Inglaterra; 53 en España; 52 en Italia, 51 en Alemania y 50 en Francia.

Según quien fuera editor de la revista "Triunfo", a esto también se sumó un problema de validez jurídica del estatuto, "ya que la FIFA, como una asociación privada que es, no estaba capacitada para exigir a los representantes su cumplimiento por la sencilla razón de que éstos no forman parte de ella. Por tanto, no estaba legitimada para limitar o poner condiciones a su actuación".

**El aporte deontológico**

Ante la escasa acogida que tuvo en el mundo de los agentes de jugadores, pero por sobre todo debido al impacto generado por el escándalo de los casos de pasaportes falsos que se detectaron en Europa, la Federación Internacional de Fútbol Asociado decidió actualizar el reglamento de 1996, cuya nueva versión entró en vigor el 1 de marzo del 2001, y que fue adoptada por Chile en mayo del mismo año.

En sus modificaciones más importantes, el nuevo cuerpo normativo delegó en las asociaciones nacionales la competencia de expedir la licencia a los apoderados, que ya no debían trasladar sus solicitudes a la FIFA.

Además, sustituyó la entrevista personal por un examen escrito que las federaciones organizarán dos veces al año, en marzo y septiembre. Los agentes que pasen esta prueba deberán firmar un contrato de representación que se depositará y registrará en la asociación local.

Por otro lado, el organismo rector de esta disciplina ya no exigía un aval de 150 mil dólares, sino que los agentes tendrán que contratar una póliza de responsabilidad civil.

Pero quizás el aporte más importante de esta nueva regulación fue la incorporación de un código deontológico, es decir, un conjunto de normas éticas y morales en cuyo marco debe encuadrarse la labor de los empresarios de jugadores.

Al menos así lo considera el agente chileno Eduardo Peña, quien calificó el nuevo reglamento como "muy positivo para el medio, ya que no sólo va a determinar los derechos y obligaciones, sino que también va a permitir que aquellas personas que trabajan en forma honesta lo puedan seguir haciendo".

Mientras, para José González la nueva ordenanza, y en especial el código deontológico, constituyen inequívocamente la respuesta del organismo internacional frente al tema de los pasaportes falsos.

"Desde ese punto de vista, la FIFA intenta legitimar una actividad que de por sí estaba siendo fuertemente cuestionada por el tema de los pasaportes falsificados. Es positivo porque intenta darle claridad a una labor que más allá de las críticas está ahí, que se ejerce y que no hay porqué cerrarle los ojos o darle la espalda. Siempre en estos casos es mucho mejor acoger una actividad y regularla", acota González.

**Parte IV**
## CÓMO OPERA UN REPRESENTANTE

Por mucho tiempo, la carencia de filtros y exigencias que limitaran el acceso a la condición de representante futbolístico provocó que dicho sector experimentara una gran proliferación de exponentes en todo el orbe.

El ex asesor internacional de la ANFP, Alfredo Asfura, reconoce que no existe un registro oficial que determine el número de intermediarios que operan en el concierto deportivo mundial.

"El único parámetro que posee la FIFA en este ámbito es la nómina de apoderados de jugadores que han obtenido ante dicho organismo la licencia oficial para ejercer como tal, cuya cifra asciende a 559", admitía Asfura a fines de 2002.

En todo caso, el ex dirigente estimaba que esa cantidad constituía menos del 10% del total de los apoderados que se desenvuelven en los cinco continentes. "Sin ánimo de exagerar, estimo que deben existir más de seis mil personas que realizan actualmente esta labor", señala.

### Modalidades

En cuanto a su rol de colaboradores o auxiliares del tráfico deportivo profesional, los agentes de futbolistas despliegan sus tareas básicamente en tres esferas: representación, intermediación y asesoramiento.

En el primer caso, actúan como representantes de un "tercero" (en este caso un jugador) a cambio de una remuneración que suele consistir en un porcentaje monetario -que se denomina "comisión"- del negocio en el que intervienen. En este terreno, cumplen una función "mediadora" a la hora de contratar con un club la prestación de los servicios de su cliente.

Los apoderados también operan como intermediarios cuando, en vez de defender especialmente los intereses del futbolista, se dedican a ponerlo en contacto con una institución, pudiendo tener este deportista otra persona diferente que lo representa.

A su vez, es frecuente que el agente oficie como asesor de un jugador, tanto en lo referente a la negociación de las condiciones del contrato respecto a cuestiones fiscales o financieras posteriores, así como también desde el punto de vista técnico-deportivo, aconsejándole en todas aquellas circunstancias que podrían influir decisivamente en su carrera profesional.

Este último aspecto, y cuando la calidad del futbolista lo permite, el manejador se convierte en un verdadero promotor y gestor de los negocios de *merchandising* que la figura pública del deportista origina.

En cualquiera de los tres casos señalados, el apoderado percibe una suma de dinero por su trabajo, cuyo monto fija de común acuerdo con quien requiere sus servicios.

Ahora bien, en el caso puntual de las transferencias de jugadores tanto a nivel nacional como internacional, los porcentajes de ganancias que obtienen los agentes fluctúan entre el 5 y el 15% del monto de la operación.

"El traspaso es el momento cúlmine del negocio. En la mayoría de los casos los representantes obtienen el 10% del total de la transacción, a lo que hay que sumar la comisión respectiva que se cobra directamente al futbolista por el arreglo económico al que llega con el equipo en cuestión, que también generalmente alcanza ese mismo porcentaje", reconoce el empresario argentino Settimio Aloisio.

Al revés, la utilidad puede acrecentarse cuando una entidad deportiva fija un precio de venta para el jugador, ya que el agente puede negociarlo por un valor más alto con un eventual interesado y quedarse con una buena parte de la diferencia, que muchas veces supera el 10%.

Asimismo, hay otras oportunidades en que el apoderado termina invirtiendo su propia fortuna en un trato. Esto se da particularmente en las transferencias al extranjero, donde los representantes ven reducidas sus ganancias ante la necesidad de recurrir a colegas que obran como intermediarios que terminan por canalizar el traspaso, obteniendo por ello su respectivo porcentaje.

Otro método que se ha generalizado en los últimos años consiste en que los apoderados compran al club el pase de uno de sus deportistas para negociar directamente su transferencia, pudiendo así duplicar y hasta triplicar sus utilidades.

Aunque esta práctica es ilegal, puesto que los reglamentos de la FIFA impiden que una persona, ya sea natural o jurídica (excluyendo claro está a los clubes deportivos), sea propietaria de los derechos federativos de un jugador, muchos han utilizado subterfugios para burlar estos preceptos.

"En el caso puntual de Chile es común que esto ocurra con futbolistas argentinos que vienen a probar suerte de la mano de algunos empresarios de dudosa procedencia", explica Asfura.

Según el hoy retirado dirigente chileno, si alguna persona entendida en leyes ahondara en este tema "incluso podría impugnar el trato alegando la nulidad de la operación, utilizando como base de su argumentación la normativa de la FIFA que prohíbe a un empresario adquirir el pase de un jugador. Sin embargo, está claro que lo más probable es que se llegue a un acuerdo privado entre el manejador y la institución, pese a que los acuerdos deben ser entre los clubes".

Pero a la hora de la verdad esta última premisa no se cumple. De hecho, en 1996 el club Universidad de Chile vendió al empresario argentino Gustavo Mascardi los pases del chileno Marcelo Salas y del trasandino Cristián Traverso, en 3,5 millones de dólares. Al tiempo después, el agente los traspasó a las instituciones bonaerenses River Plate y Boca Juniors, respectivamente, en casi US$ 7 millones.

Tres años después, la "U" y Mascardi repitieron la maniobra, luego que éste último adquirió la mitad de la ficha del futbolista chileno Rodrigo Tello, quien fue finalmente transferido al cuadro portugués Sporting de Lisboa.

En este caso específico, la modalidad que se utiliza, por lo general, es la del 'palo blanco'. Es decir, el empresario compra el pase de un jugador (o parte de él) y lo coloca en un equipo a la espera de venderlo en una cifra superior a otro mercado. Otra figura que se emplea es la de un contrato privado entre el manejador y un club determinado, que entra en vigor sólo cuando se produce el traspaso.

El representante Eduardo Peña, quien antes de dedicarse a esta labor se desempeñó durante trece años como dirigente de la rama cadetes de O'Higgins de Rancagua, afirmó que "esto es algo que se usa mucho y que, por lo general, resulta beneficioso para todos".

No obstante, el riesgo que asumen es bastante grande, ya que el deportista en el intertanto que es traspasado puede bajar su rendimiento o sufrir una lesión, lo que hace disminuir su precio generando para el apoderado una considerable pérdida de dinero.

Pero, sin duda alguna, la práctica más cuestionada por el medio futbolístico nacional e internacional es la de aquellos agentes que cobran una comisión mensual a sus clientes, dinero que se desprende del 10% de su sueldo, primas y premios (incentivos que se obtienen por la obtención de resultados). Así, por ejemplo, un jugador con un ingreso de tres millones de pesos debiera pagar 300 mil pesos a su manejador.

**La realidad chilena en 2002**

Hacia el 2002 el campo de los apoderados futbolísticos en Chile presentaba un amplio abanico de exponentes. Los propios empresarios ligados al tema calculaban que en nuestro país existían más de 40 personas que se dedicaban a representar jugadores. Siguiendo la tendencia mundial, algunos se agruparon en torno a sociedades bien constituidas, mientras que otros -la mayoría- actuaban solos.

Entre las empresas de representación sobresalían tres: Pass Ball, Planeta Fútbol y Sport Consulting.

La primera nació bajo el alero del ex delantero Iván Zamorano, cuya propiedad compartía con el ex jugador Hugo Rubio. Hasta fines del año 2000, el ex mediocampista argentino Claudio Borghi también formaba parte de esa compañía, pero se retiró decepcionado -según dijo- por la falta de compromiso y lealtad de algunos futbolistas.

Rubio, que las oficiaba de gerente de Pass Ball, explica que entre los principales postulados de la empresa estaban el de trabajar, esencialmente, con jóvenes figuras de proyección que presentaran las condiciones apropiadas para desenvolverse en ligas extranjeras.

"Entramos a este negocio para hacer respetar las exigencias que deben tener todos los involucrados en la actividad, con una apoyo legal y comunicacional tanto a los dirigentes como a los jugadores. No inventamos nada nuevo, sólo queremos que las normas se respeten para todos", asegura.

En tanto, Planeta Fútbol pertenecía a la sociedad de Pablo Tallarico con los agentes portugueses Carlos Condes y Antonio Santos. Se formó en 1999 y entre sus grandes operaciones figuraron los traspasos de Pablo Contreras al Mónaco de Francia y de Cristián Uribe al Sporting de Lisboa (Portugal).

"Somos una empresa seria. Tenemos una detallada información y videos de todos nuestros representados. Internacionalmente manejamos a cerca de 45 futbolistas de distintos países de Sudamérica", explica Tallarico.

Mientras, Sport Consulting estaba conformada por el rancagüino Eduardo Peña y el abogado Cristián Ogalde. "En Chile, trabajamos con casi todos los equipos de Primera División y con algunos de Segunda como Osorno, Everton y La Calera. En el exterior tenemos contactos con empresarios y clubes de Argentina, México e Inglaterra", explicaba Peña.

"Nuestro objetivo primordial es elevar la actividad y asesorar a los jugadores, representarlos y que sólo se dediquen a su actividad. Nosotros nos preocupamos de lo demás con claridad y rectitud", agrega el copropietario de Sport Consulting, que manejaba a unos 50 deportistas nacionales.

Mientras, entre los intermediarios que trabajaban en forma solitaria y se contactaban con otros empresarios extranjeros para realizar sus negocios destacaron Washington Castro, Héctor Olivos y Wilson Cortés.

Los dos primeros -junto con Tallarico y Peña- eran considerados a nivel local como los principales exponentes del grupo de los "históricos", denominación acuñada por el medio nacional para designar a aquellos representantes que llevaban más tiempo trabajando en nuestro mercado.

Muchos jugadores identificaban a estos intermediarios como los más caros al momento de cobrar por sus servicios. Al respecto, Tallarico se defiende señalando que "hay que pagar por un buen trabajo. Hay quienes garantizan el éxito de antemano, mientras que otros sólo pueden decir que cumplirán con la tarea".

El negocio ha sido tan bueno, sobre todo después del Mundial de Italia '90, que muchos han aprovechado su condición de ex futbolista o dirigente para ganar clientes. A ellos se han sumado otros exponentes que desde muy diversas áreas han visto en este campo una actividad muy lucrativa.

Tal fue el caso del cantautor nacional Wildo, quien llegó a representar al centrodelantero Cristián Montecinos.

"Todo nació como un hobbie, como una ayuda para mis amigos, pero después se transformó en negocio. En esta actividad se manejan cifras muy altas, por lo tanto, uno queda satisfecho al cerrar un buen traspaso. Mi centro de acción está en México, porque conozco al agente Carlos Hurtado, con quien trabajo tanto en el plano artístico como deportivo ", contaba el cantante chileno.

Otro ejemplo curioso fue el del profesor y empresario estilista penquista Gaspar Aroca, que manejaba a través de su agencia Aries Producciones a más de 30 jugadores de la zona. "Quienes trabajan conmigo saben que más que un negocio establezco una amistad con el deportista", manifiesta.

Además, cabe consignar la situación de aquellos futbolistas que confían la suerte de su futuro en sus parientes directos, en donde el vínculo familiar convierte la lucha por los derechos del representado en una doble defensa.

En esta condición se encontraba Héctor Tapia, ex seleccionado nacional que militaba en Colo Colo, cuyo padre actuaba como apoderado. A nivel internacional, el caso más relevante lo protagonizaron Didier y Claude Anelka, hermanos del introvertido delantero francés Nicolás Anelka, que adquirieron fama por la dureza con que enfrentan las negociaciones.

**Periodistas "promotores"**

En ciertas ocasiones, los medios de comunicación han sido utilizados para levantar o perjudicar la carrera o la imagen de algunos personajes de la sociedad chilena.

El fútbol no ha estado ajeno a este fenómeno. A mediados de la década de los '80 algunos periodistas comenzaron a ensalzar las cualidades de jugadores, quienes en la mayoría de los casos no se hacían merecedores en la cancha de tales halagos. ¿Cuál era el fin de esta maniobra? Obtener un porcentaje en dinero en caso de una transferencia.

Un antiguo profesional de la prensa deportiva, que habló a condición de la reserva de su nombre, asegura que "todos saben o por lo menos sospechan que dos conocidos colegas usaron los medios donde trabajaban para promocionar a futbolistas. Sin embargo, nadie tiene pruebas concretas que acrediten ese hecho".

Según la fuente, dirigentes de clubes e incipientes empresarios se acercaban en esa época a los reporteros para que les prestaran una "ayudita" a fin de mostrar un buen "producto" en otros mercados o, en su defecto, en nuestro país. "Esta práctica también fue seguida por ciertos deportistas", añade.

"En determinados casos era muy notorio, porque a uno que le tocaba estar en el estadio veía que no jugaban bien. No obstante, al otro día salían destacados, casi en primera plana, como las figuras del partido, cuestión que no la creía nadie", aporta otro periodista, quien también pidió que no se le identificara.

La razón del anonimato de estas fuentes es muy simple o, por lo menos, entendible en su análisis. Aunque los entrevistados coincidieron en los nombres de los posibles involucrados, ambos reconocieron que en ningún caso se podía demostrar que éstos recibieron efectivamente dinero por sus "servicios".

Es más, los dos profesionales aludidos aún se encuentran trabajando. Por esta razón, las fuentes indicaron que "no es posible empañar el apellido de alguno de ellos en estos momentos, menos cuando no se tienen pruebas tangibles para sostener tamaña acusación".

## El gran mercado argentino

En el ámbito sudamericano, una de las plazas más fértiles para la labor de los representantes es Argentina, país que ha ganado en dos ocasiones un torneo Mundial (1978 y 1986) y que posee una de las ligas más competitivas de los cinco continentes.

De hecho, una investigación publicada a principios del 2001 por el diario bonaerense "Clarín", estableció que en los últimos 25 años los clubes trasandinos vendieron al exterior los pases de sus jugadores por un monto superior a los 800 millones de dólares. En estas operaciones, un total de cinco mil 482 futbolistas fueron transferidos, lo que da el asombroso promedio de un traspaso cada 41 horas.

De ese total, cuatro mil 104 deportistas pasaron a equipos de América, mil 250 a cuadros de Europa, 66 a oncenas de Asia, 53 a clubes de Oceanía y 9 a entidades de África.

En este mismo estudio se confeccionó una lista en base al dinero invertido en la contratación de jugadores argentinos durante el último cuarto de siglo. La nómina la encabezaba España con US$ 306 millones, seguido por Italia (198 millones), Francia (63,8), México (36,3), Inglaterra (36,1), Portugal (29,2) Alemania (27,5), Grecia (18,8) y Holanda (15).

En cuanto a los países que más adquieren los servicios de futbolistas trasandinos, los primeros lugares son ocupados por Chile (510), España (426), México (403), Colombia (345), Italia (295) y Ecuador (287).

Sin caer en exageraciones, se puede afirmar que prácticamente en todas las naciones del orbe donde existe una competencia profesional ha pasado un jugador argentino, lo que convierte a nuestros vecinos en uno de los máximos líderes en materia de transferencias, aún por sobre otras potencias como Brasil.

Dentro del mercado futbolístico trasandino hacia el año 2000 se desenvolvían más de cien intermediarios. Uno de los más conocidos era Settimio Aloisio, que comenzó a operar en 1986 y que tenía bajo su "corral" a más de cien deportistas. Según sus allegados, poseía la capacidad económica para comprar a una figura en tres millones de dólares en un abrir y cerrar de ojos.

Para Aloisio, la clave para que un club pague tanto por un futbolista se debe a que "la amortización de ese gasto es muy rápida. Si usted tiene a (Diego Armando) Maradona o a (Gabriel) Batistuta, aumentará notablemente la asistencia de espectadores al estadio y si le sumamos la comercialización de su imagen pública, bueno, en un plazo no muy largo recuperará lo invertido".

El apoderado argentino ejemplifica esta realidad al recordar el caso del volante Juan Sebastián Verón, que fue adquirido por Boca Juniors a Estudiantes de la Plata en un millón y medio de dólares, y después de jugar seis meses en la oncena *xeneize* fue transferido a la Sampdoria de Italia en siete millones. "Eso es lo que yo llamo una excelente operación", sostiene.

Otro destacado agente del fútbol argentino es Gustavo Mascardi, un operador de Bolsa de Comercio de Buenos Aires que fue uno de los primeros que avistó el negocio. En poco más de diez años ejerciendo como empresario del balompié logró construir un verdadero imperio en su rubro, pues manejaba a los jugadores mejor cotizados de su país.

Logró representar a futbolistas de la talla de los seleccionados trasandinos Roberto Ayala, Hernán Crespo y Javier Zanetti -además de Juan Sebastián Verón-, así como a los chilenos Marcelo Salas y Rodrigo Tello.

A este se sumaban los exitosos apoderados Jorge Czysterpiller y Guillermo Copolla. Este último por muchos años se desempeñó como agente del crack argentino Diego Armando Maradona, con quien mantuvo fuertes lazos de amistad.

Al igual que en Chile y siguiendo la modalidad que surgió en Europa, los intermediarios trasandinos también formaron consorcios especializados en la representación futbolística, entre las que destacaron Soccer S.A., integrada por los exjugadores Osvaldo Rodríguez y Ricardo Giusti, y Sports Management, conformada por Juan Simón y Hugo Issa.

Respecto de esta última, el mediocampista Daniel Garnero, quien en 1995 militó en la Universidad Católica, afirmó con absoluta convicción que "confío plenamente en ellos y les delego todas mis responsabilidades".

No obstante, la polémica no estuvo ajena a la labor de los agentes argentinos. A un mes de empezar el mundial de Francia 1998, el delantero Gabriel Omar Batistuta se enteró que había sido procesado en su país por evasión de impuestos, lo que le significó la incautación de 50 mil dólares en bienes.

 El fallo del juez Julio Speroni se basó en que, en el traspaso del jugador de Boca Juniors a la Fiorentina de Italia, en 1991, no se había pagado el Impuesto a las Ganancias que establece la legislación trasandina, cuyo monto en este caso específico alcanzaba a los 124 mil dólares.

Lo curioso es que en la transacción estuvo involucrado Settimio Aloisio, a quien no se le abrió ningún juicio a pesar de ser él quien maneja los intereses del jugador.

Otro tema que estuvo siendo indagado por la justicia argentina fue la práctica de algunos empresarios que colocaban a sus representados, en forma simulada y por un bajo precio, en un club de un país que asegure baja tasas impositivas, como por ejemplo Uruguay.

Al respecto, la Dirección Genèral Impositiva (DGI) sospechaba que esta modalidad no era más que una triangulación encubierta, dado que el deportista no se quedaba en la institución a la que en principio llegaba, sino que era inmediatamente transferido a su destino final que, generalmente, era Europa.

De esta forma, la transacción no se realizaba en Argentina y, por ende, no le correspondía intervenir a su Fisco. Pero al comprobarse que se trata de una maniobra, no sólo correspondía cobrar las imposiciones, sino que sus protagonistas se arriesgaban a la aplicación de las sanciones que contempla la Ley Penal Tributaria.

Debido a estas irregularidades, la DGI inició una investigación por presunta evasión fiscal sobre once empresarios del balompié, entre los que figuraban Settimio Aloisio, Gustavo Mascardi y Jorge Czysterpiller.

La pesquisa involucraba también a un centenar de deportistas que fueron transferidos al exterior o que llegaron a equipos argentinos, destacando los casos de los otrora seleccionados trasandinos Roberto

Ayala, Juan Sebastián Verón, Hernán Crespo y Claudio López, entre otros.

El supuesto fraude ascendería a 57 millones de dólares, suma repartida entre lo que no habrían pagado los intermediarios y los futbolistas. La indagación que instruía la DGI tenía carácter internacional, para así poder cotejar los datos que aportaran los involucrados.

Para esto último, el organismo recaudador del vecino país acordó intercambiar información con sus similares de Italia, España, México y Chile. Esta indagación concluyó sin mayores sanciones para los involucrados.

Otra curiosa situación que sacudió el ambiente futbolístico argentino ocurrió en 1998, cuando varias instituciones deportivas e intermediarios intentaron comprar el pase de Ariel Huguetti, un "chico-estrella" de solo 12 años.

Este hecho generó una gran controversia, ya que no había antecedentes de una circunstancia análoga, al menos en esta parte del mundo. Sin embargo, esta práctica es común en África, donde habitualmente los empresarios y los dirigentes de clubes viajan a buscar jóvenes promesas de entre 12 a 17 años para llevarlos a Europa, con el fin de ponerlos en las principales ligas y así obtener buenos dividendos por un precio bajísimo.

**En Brasil se repite la historia**

En Brasil, las historias sobre pobres muchachos que llegaron a transformarse en figuras de nivel mundial son muchas y muy variadas. Tal es el caso de Ronaldo, otrora estrella del Barcelona, Real Madrid e Inter de Milán.

Desde niño entrenaba en el cuadro más popular de Río de Janeiro, Flamengo, pero no tenía dinero para asistir continuamente a las prácticas. Ante esto, optó por conversar su situación con su director técnico, quien con absoluta indiferencia le contestó "no es mi problema". El novel delantero tomó sus prendas y se fue al Sao Cristovao, cuyas instalaciones deportivas quedaban más cerca de su hogar.

Con el tiempo el adolescente mejoró su rendimiento, a tal punto que despertó el interés del ex seleccionado Jairzinho, campeón Mundial en México 1970, quien compró su pase en mil dólares. El ex jugador efectuó un negocio redondo al venderlo posteriormente al Cruzeiro de Belo Horizonte, de la Primera División brasileña, en US$ 100 mil.

En 1994, Ronaldo fue adquirido por el PSV Eindhoven de Holanda en 6,5 millones de la moneda estadounidense. Dos años después, pasó al Barcelona de España por 20 millones de dólares. Tras dos temporadas, fue traspasado al Inter de Milán en US$ 32 millones.

La historia dirá que el goleador fue elegido en tres años (1996; 1997 y 2002) como el mejor futbolista del planeta y que la cifra que costó su primera transacción fue, por mucho tiempo, superada con lo que ganaba en un día.

El caso del hábil delantero no es aislado. El balompié brasileño se caracteriza por transferir decenas de deportistas al año. Obviamente, este fenómeno ha sido aprovechado por los intermediarios, algunos de los cuales han recurrido en ciertas ocasiones a subterfugios para evadir los procedimientos regulares que establece la FIFA en materia de traspasos.

El escritor inglés David Yallop (1937-2018), en su libro titulado "¿Cómo se robaron la Copa?", denunciaba hacia el año 2000 que en el país de la samba los jugadores eran virtualmente propiedad de los presidentes de los clubes y que casi el 95% de ellos ganaba menos de mil dólares mensuales.

Según Yallop, cuando un futbolista alcanzaba una buena cotización y las instituciones extranjeras comenzaban a sondear su precio, los dirigentes "para evitar pagar impuestos utilizaban a ciertos agentes". Entre estos destacaba el uruguayo Juan Finger, que estaba asociado al Central Español de Uruguay, oncena que servía como "palo blanco" en el caso de transferencias.

En este marco, el escritor británico añade que el deportista brasileño era inscrito en el citado equipo y después era vendido al exterior, ya que los cuadros charrúas "no pagaban impuestos a la renta sobre las ganancias de los jugadores vendidos".

Uno de los casos más emblemáticos fue el traspaso del volante del Sao Paulo Denilson, en 1997, quien en primera instancia sería adquirido por el Barcelona de España en 32 millones de dólares, pero Finger no se conformó con el dinero que le correspondía por lo que canceló la operación.

Un mes después el brasileño se fue al Real Betis luego que el empresario uruguayo aceptara sus términos. Así, el mediocampista se convirtió por entonces en el futbolista más caro del mundo al ser adquirido su pase por el cuadro hispano en 22 millones de libras esterlinas.

En ese mismo año el jefe de Estado de Brasil, Fernando Cardoso, nombró ministro de Deportes a Pelé, quien, en un intento por mejorar las estructuras en las que se manejaba el balompié, presentó un proyecto de ley donde se aplicarían casi las mismas normas que en el caso del belga Jean-Marc Bosman (ver parte V), en donde los futbolistas serían libres de negociar sus propios contratos con quienes quisieran y dejarían de ser "esclavos" de los equipos y apoderados.

No obstante, el entonces presidente de la FIFA, Joao Havelange, y su yerno Ricardo Texeira, titular de la Confederación Brasileña de Fútbol (CBF), se opusieron en forma tajante a la medida, por considerarla "una violación a las disposiciones" del organismo rector de este deporte y amenazaron con que, de prosperar la iniciativa gubernamental, Brasil sería eliminado del Mundial que se jugó en Francia en 1998.

Al final, Havelange y Texeira se salieron con la suya y la denominada "Ley Pelé" quedó en el olvido.

**Parte V**
**EL CASO BOSMAN**

El jugador belga Jean-Marc Bosman fue el impulsor de lo que se podría catalogar como una de las mayores revoluciones en el balompié profesional de Europa.

En un juicio que acaparó la atención pública, Bosman presentó un recurso ante el Tribunal de Justicia de la Unión Europea (UE, integrada por quince naciones) con sede en Luxemburgo, con el que buscaba que los futbolistas originarios de esas tierras no fueran considerados como extranjeros en las distintas ligas que se juegan en su territorio.

Tras una larga batalla legal que comenzó en 1990, la moción planteada por el delantero belga fue acogida el 15 de diciembre de1995 en una resolución que emitió el máximo órgano jurídico de la Unión, en el cual dejó sentado el principio de la "libertad de circulación de los futbolistas profesionales en la UE".

El acuerdo, que debía comenzar a ser aplicado de manera inmediata pero que en la práctica entró en vigor el 1 de marzo de 1996, causó un cambio radical en las estructuras del balompié del Viejo Continente al reconocer el derecho de los clubes a contratar a cuantos jugadores "extranjeros" quisieran, sin limitación alguna.

Este dictamen, conocido como "Ley Bosman", provocó una especie de "nuevo boom" en las instituciones europeas: los equipos observaron el nuevo horizonte que se les abría y comprendieron que el futuro pasaba por invertir en deportistas con pasaporte comunitario, en muchos casos más baratos aún que el "producto nacional".

Al mismo tiempo, algunos de los cuadros europeos con mayor poderío económico vislumbraron la gran factibilidad de formar un plantel lleno de futbolistas de distintas nacionalidades.

De esta forma, varios clubes aprovecharon esta franquicia, como el inglés Chelsea, que en el 2000 llegó a contar con cerca de 20 jugadores nacidos en Italia, Francia y África. Ese mismo año, se pudo observar, en más de una oportunidad, que oncenas italianas como el AC Milán formaban sus alineaciones con sólo dos nacionales.

### Efectos mundiales

Con la creciente fiebre de transferencias en el Viejo Mundo, Sudamérica y África entraron directamente a lidiar en el tema, al ser la mayoría de los países que componen estos continentes ex colonias de España, Francia, Inglaterra y Portugal, Estados que, por lo demás, son miembros de la UE.

Ante esta nueva oportunidad de expandir sus ya de por sí lucrativos negocios, los empresarios del Viejo Continente se concertaron con algunos pares sudamericanos -y en mucho menor medida africanos- y comenzaron a buscar antepasados europeos en la familia de los jugadores de esas regiones, con el objeto de que éstos no ocuparan una plaza de extranjero y, de paso, tener un mayor abanico de posibilidades para ponerlos en distintas ligas.

Esto sólo podía generar beneficios para los clubes, para los futbolistas que veían ascender su precio en el mercado y, sobre todo, para los representantes.

La explicación de esta práctica es simple: desde la entrada en vigor de la "Ley Bosman", llegar a los diversos campeonatos de la UE como argentino o brasileño -por ejemplo- no era tan rentable, porque ocupaban las escasas plazas destinadas a "foráneos".

De hecho, hasta hoy para los deportistas de Sudamérica y África ingresar a las competencias del Viejo Continente como ciudadanos de unos de los 27 países que integran la Unión es prenda de garantía para asegurar su futuro económico.

Así las cosas, al poco tiempo ya no era raro ver a futbolistas argentinos, brasileños o uruguayos en los torneos de la UE jugando con pasaporte comunitario. ¿La estrategia? Buscar o inventar antepasados europeos.

Según una investigación efectuada en los inicios de la pasada década por el diario español El Mundo, en el mercado negro esto costaba entre diez mil y 110 mil dólares, con la garantía de obtener documentación "perfectamente falsificada".

 A juicio del periódico madrileño, estas operaciones se convirtieron en habituales, básicamente, porque las autoridades no se preocupaban de verificar si era cierto que los abuelos o bisabuelos de estos deportistas eran inmigrantes que habían echado raíces en esta parte del mundo.

Sin embargo, finalmente se descubrieron varias situaciones anómalas: una gran cantidad de jugadores brasileños aparecieron con pasaportes portugueses; al tiempo que numerosos argentinos, uruguayos, paraguayos y chilenos poseían documentos italianos, los cuales en su gran mayoría eran adulterados.

Este hecho ilícito salió a la luz pública gracias a la actuación de fiscales y jueces de Italia que empezaron a investigar estas irregularidades a partir de mayo del año 2000, luego que el brasileño Diego Garay, de las filas del club francés Estrasburgo, fue detenido por la policía alemana tras ser sorprendido con una visa italiana falsa.

El problema alcanzó una mayor notoriedad pública dos meses después, luego que agentes británicos requisaron al brasileño Edú, que a la sazón había sido contratado por el equipo londinense Arsenal, un pasaporte adulterado que había obtenido durante su paso por España.

**Parte VI**
**EL CASO PASAPORTES FALSOS**

Tras el descubrimiento del primer caso de visado falso, las autoridades italianas comenzaron a investigar a cerca de 50 futbolistas de Primera División para verificar sus antecedentes familiares.

Las indagaciones judiciales, que se iniciaron en una fiscalía de la ciudad de Udine, tuvieron como "cuerpo del delito" los documentos portugueses de los brasileños Alberto y Warley, los cuales fueron retenidos por la policía polaca cuando el cuadro italiano Udinese jugó contra un club de Varsovia por la primera ronda de la Copa UEFA.

Y es que, en el caso puntual de Italia, para obtener la ciudadanía de ese país sólo hace falta tener un antepasado sin importar el grado de parentesco. Estos fueron los casos de los argentinos Juan Sebastián Verón y Roberto Ayala: el primero, ex centrocampista de la Lazio con un tatarabuelo en Calabria; y el ex defensa del A.C. Milán con un tatarabuelo napolitano.

Uno de los fiscales italianos más activos en el caso de los pasaportes falsos fue Silverio Piro, quien en su investigación determinó que Lazio pagó US$ 110 mil por la obtención de la doble nacionalidad ítalo-argentina de Verón.

Según los testimonios de Felice Pulici y su representante en Buenos Aires, Bonigno Méndez, ambos reconocieron haber intentado conseguir el documento en cuestión a través de María Elena Tedaldi, empleada de los Estudios Álvarez de Buenos Aires, que se dedica a ese tipo de gestiones.

El nombre de Tedaldi surgió también en varias de las causas que se siguieron en Italia. En este caso puntual, Pulici encontró otro camino para obtener el pasaporte falso de Verón: simplemente cambió los nombres de los ascendientes del jugador, con la complicidad de su representante, Gustavo Mascardi.

Otro de los Estados europeos donde el problema alcanzó una gran dimensión fue Francia. En ese país se inspeccionaron los visados de 28 futbolistas foráneos que en el 2000 actuaron en la competencia gala como comunitarios, entre los cuales figuraba el defensa chileno Pablo Contreras.

Uno de los casos que cobró mayor relevancia en tierras francesas fue el del argentino Emiliano Romay -que la temporada 2001 militó en Wanderers de Valparaíso-, quien en el 2000 integró las filas del club Niza de la Segunda División. En agosto de ese año, el centro de Cooperación Policial Aduanero de Ventimiglia confirmó que el pasaporte del trasandino era falso.

¿Cómo se descubrió? Se revisaron los documentos italianos de tres deportistas que pertenecían al Niza. Resultaron regulares el del argentino Martín Rodríguez (otorgado en el Consulado italiano de Buenos Aires) y el del peruano Gustavo Vasallo (dado por la Embajada de Italia en Lima), pero el de Romay tenía un número sospechoso. La inscripción que aparecía en sus papeles indicaba que debía haber sido expedido a comienzos de los noventa y no a fines de la misma década.

Las pesquisas finalmente determinaron que el pasaporte original se había otorgado legalmente en el consulado de Venecia, mientras que el de Romay (con el mismo número) fue concedido... en Roma. Cabe consignar que tanto el ex artillero del Niza como el chileno Contreras eran representados por el mismo agente: Pablo Tallarico.

Las investigaciones también se extendieron a la Premier League, la División de Honor de Inglaterra, donde la justicia escudriñó los visados de 21 jugadores para comprobar su validez.

Mientras, en España, los tribunales estudiaron los documentos de 63 futbolistas comunitarios nacidos fuera de la UE y que participaron en la liga el año 2000. Las inspecciones de rigor concluyeron que 36 consiguieron sus pasaportes por parentescos, de los cuales 13 encontraron un bisabuelo, otros 13 a un abuelo, ocho al padre o a la madre y dos al tatarabuelo.

De esos 36 jugadores, 28 encontraron ascendencia italiana, tres portuguesas, tres españolas, uno francesa y otra austriaca.

Al respecto cabe destacar que la legislación hispana exige un parentesco directo, lo que marca la diferencia con Francia y Portugal, cuyas leyes dan facilidades a los ciudadanos de sus ex colonias. Por eso el congoleño Makelele, que jugó en el Real Madrid, y el marfileño Keita, en el Real Oviedo, lo hicieron como franceses, mientras que el angoleño Edgar, del Málaga, lo hizo como portugués.

Las indagaciones develaron una serie de circunstancias anómalas en los papeles de al menos una docena de jugadores. Entre estos casos resaltó el del paraguayo Delio César Toledo, quien militaba en el Espanyol, de Barcelona, y que poseía pasaporte español. El asunto salió a la luz pública cuando la Oficina de Información Diplomática hispana anunció que no existía ninguna persona con ese nombre inscrito en el Registro Civil para españoles ni en el Registro Consular en Paraguay.

Pedro Aldabe, su agente, intentó desmarcarse del hecho afirmando que él no había intervenido en la tramitación de su visa, pese a que el Registro de Extranjería español presentó a la justicia documentos que acreditaban lo contrario.

Otros futbolistas sudamericanos que se vieron involucrados en este escándalo fueron los argentinos Gustavo Bartelt, delantero del Rayo Vallecano, y Martín Herrera, portero del club Alavés.

En el caso del primero, la obtención de su pasaporte italiano fue gestionado por su compatriota Jorge Czysterpiller, quien también se desempeñó por algunos años como representante de Diego Maradona. Según la Fiscalía de Roma, el apellido del abuelo materno de Bartelt es Jacob y no Raffanelo, como constaba en los papeles que aportó su apoderado.

Con respecto a Herrera, si bien es cierto los fiscales romanos confirmaron sus antecedentes italianos, se estableció que su pasaporte fue obtenido por métodos ilegales para acelerar su inclusión como comunitario, cuyo trámite fue efectuado por su agente, César Dardís.

Ante tal cúmulo de irregularidades, el portavoz de la Real Federación Española de Fútbol (RFEF), Rogelio Núñez, declaró en ese entonces que la culpa no era de los dirigentes sino de las autoridades que daban el visto bueno a la entrega de las cédulas.

"Nosotros como Federación no tenemos la obligación, deportivamente hablando, de tener expertos en descubrir documentación falsa. Los pasaportes no son adulterados; sí lo son los certificados que se han aportado para conseguir las cédulas. Por lo tanto, esta situación excede nuestro ámbito, ya que concierne a los organismos gubernamentales correspondientes mejorar su fiscalización al respecto", apuntó.

Tras el escrutinio de todos los casos señalados, las autoridades europeas pudieron hallar dos tipos de ilícitos: la alteración de las actas que permitieron obtener el visado correspondiente o bien la simple falsificación de los pasaportes.

Asimismo, se pudo establecer que una buena parte de estos documentos irregulares habían sido tramitados desde Portugal.

Estos informes fueron corroborados a través de las investigaciones de una Comisión Parlamentaria que formó el Congreso brasileño para estudiar la corrupción en el fútbol de ese país, que entre otras anomalías denunció la existencia de "mafias que trabajaban coordinadas a ambos lados del Atlántico".

Según los datos aportados, estas asociaciones delictivas estaban integradas por agentes de jugadores, dirigentes de clubes, estudios jurídicos e incluso funcionarios de representaciones diplomáticas, que se dedicaban a falsificar pasaportes para los futbolistas, especialmente brasileños, argentinos y uruguayos.

Tras contar con estos reveladores antecedentes, tanto la FIFA como la Unión Europea de Fútbol Asociado (UEFA) reaccionaron con fuerza y solicitaron castigos severos para los jugadores extracomunitarios e intermediarios involucrados en estas prácticas fraudulentas.

Al respecto, el entonces presidente de la Federación Internacional de Fútbol Asociado, el suizo Joseph Blatter, llegó a declarar que cualquier tipo de sanción debía "abarcar el ámbito mundial. Se debe actuar rápida y efectivamente contra los equipos y deportistas que incurrieron en estos actos delictivos".

Blatter también culpó directamente a los empresarios de estos hechos ilícitos, al sostener que "los agentes de los jugadores son capaces de hacer muchas cosas con tal de que sus jóvenes entren en las ligas europeas".

Pero a la luz de los hechos, extrañamente ningún representante fue castigado: Solamente fueron sancionados algunos clubes con la disminución de puntos (como los cuadros franceses Saint-Etienne y Estrasburgo) y, claro está, varios jugadores.

La Comisión Disciplinaria de la Liga Italiana suspendió por un año al uruguayo Alvaro Recoba, que militaba en el Inter de Milán, y al brasileño Dida, arquero del AC Milán, de toda actividad dentro del país, aunque con la opción de poder jugar en otras competencias internacionales. Mientras el volante argentino, Juan Sebastián Verón fue exonerado de culpa, junto con el presidente de la Lazio, Sergio Cragnotti.

Mientras, en Francia, el chileno Contreras; el trasandino Romay, los brasileños Aloisio y Alex (ambos del Saint-Etienne) y el ucraniano Maxim Levytsky fueron condenados a penas que oscilaron entre los tres y seis meses de suspensión.

A su vez en España, los argentinos Martín Herrera y Gustavo Bartelt fueron inhabilitados por seis meses y un año, respectivamente. A ellos se sumaron el paraguayo Delio Toledo (Espanyol); los brasileños Sandro (del Badajoz), Iarley y Paulino (Melilla) y Aylson (Hércules de Alicante); y el yugoslavo Pajic (Guadix), quienes fueron sancionados entre tres y seis meses.

Pero quizás lo más sorprendente en este bochornoso escándalo fue la actitud final que adoptó la FIFA, cuyo Comité de Urgencia decidió, a principios de agosto del año 2001, restringir los alcances de las suspensiones adoptadas contra los jugadores, limitándolas a las competencias del país donde habían sido impuestas, las que en todos los casos fueron reducidas y luego conmutadas.

De esta forma, el máximo organismo rector del balompié mundial puso punto final al escabroso asunto y, consiguientemente también, a todas las investigaciones que iniciaron las federaciones de los países europeos involucrados.

**¿Chilenos con antepasados europeos?**

Cuando salió a la luz pública la situación de los documentos adulterados, varios equipos iniciaron investigaciones internas con el fin de determinar si el estado de sus jugadores, en su mayoría sudamericanos, estaba en regla.

En este ámbito, en Francia uno de los primeros casos irregulares en detectarse fue el del jugador chileno Pablo Contreras Fica, quien por ese entonces defendía los colores del Mónaco.

El defensa fue citado a declarar ante la Cámara 16ª del Tribunal Correccional de París, donde emitió confusas declaraciones, como por ejemplo que "por una simple curiosidad intelectual investigué y vi que una abuela, huérfana, tenía raíces italianas". En el proceso, el fiscal Cervoni, a cargo de la causa, dictaminó que esos eran "argumentos evasivos, poco claros y nada creíbles".

El juez expuso pruebas concretas de que el pasaporte era falso: al compararlo con uno auténtico, el de

Contreras tenía la tapa lisa y no rugosa como debía ser. Además, presentó un informe que la embajada de Italia le dio a la Interpol (Policía Internacional), en el que el organismo concluye que "el documento no es auténtico".

Al final, la justicia deportiva de la federación francesa, con orden internacional, lo condenó a una suspensión de seis meses, que después fueron conmutados por tres, mientras que la justicia ordinaria le negó la posibilidad de ingresar al país por los próximos dos años.

Detonado el conflicto se comenzó a buscar en Chile a los responsables del fraude y a pedir explicaciones a Contreras para que dijera de dónde había obtenido la nacionalidad italiana.

No obstante, el jugador nunca reconoció que sus parientes europeos no eran tales y se remitió a afirmar que él le entregó, con el beneplácito de su representante, la responsabilidad de buscar algún familiar que tuviera conexión con el Viejo Mundo a unos abogados portugueses (cuyos nombres no salieron a la luz pública).

Los lusos, obedientes, encontraron unos italianos que calzaban a la perfección para permitir que el seleccionado nacional no ocupara una plaza de extranjero en la institución gala.

Además, y con el conflicto en su punto máximo de ebullición, en todos los Estados donde había futbolistas con pasaporte comunitario obtenido por ascendencia, se iniciaron indagaciones.

Por ese tiempo en Portugal militaban los jugadores chilenos Alejandro Escalona, Cristián Uribe y Juan

Francisco Viveros. Todos con su respectiva "licencia" para poder jugar sin ser foráneo.

Escalona también fue descubierto con documentación falsa y fue despedido del Benfica, uno de los clubes más importantes del fútbol portugués, antes de que recayeran sanciones. Los otros dos, en vista de los acontecimientos, abandonaron rápidamente sus respectivos equipos: Uribe el Benfica y Viveros el Alverca, pese a que estaba a préstamo desde el Sporting de Lisboa.

**Tallarico, en el ojo del huracán**

Sorprendentemente todos los chilenos involucrados en estas irregularidades estaban representados por el mismo agente: Pablo Tallarico. Los dos últimos (Uribe y Viveros) regresaron a Chile a jugar por Huachipato, club en donde se habían formado y que tuvo una estrecha relación con el mismo apoderado.

Por su parte Escalona cambió de representante y contrató los servicios del argentino Juan Berro. El lateral que se formó en Colo Colo fue fichado posteriormente por River Plate, donde prácticamente no fue considerado por el cuerpo técnico.

Uno que estuvo cerca de caer en las redes que formaron los empresarios para tentar a los futbolistas, a fin de obtener visas comunitarias falsas y así acrecentar sus posibilidades de fichar en una institución europea, fue Marcelo Salas. Su agente, el trasandino Gustavo Mascardi, buscó por todos los medios encontrarle descendencia, incluso se habló de obtener la ciudadanía griega.

Lo que nunca quedó en claro era si esa nacionalidad se le otorgaría por gracia o, en su defecto, por algún subterfugio de Mascardi, ya que el mismo Salas siempre dijo que era muy difícil que tuviera ancestros de otro lugar que no fuera Chile. Sólo basta con saber su segundo apellido para darse cuenta: Melinao, de origen                                          mapuche.

Para Caszely, los grandes responsables de estos bochornosos episodios fueron los empresarios, porque "cuando conocen a un jugador siempre preguntan la edad de sus padres, de donde son oriundos, etcétera. Y es lógico y normal que así sea. Yo no puedo vender a un futbolista si no sé de dónde viene.  Indudablemente que también es culpa del deportista, que por ganar unos pesos deja que lo revienten. Hasta los podrían haber metido presos".

Sin duda que en el caso de Pablo Contreras el indicado como el gran culpable fue el agente FIFA Pablo Tallarico, quien también ha sido acusado por otros jugadores que en su momento representó de contratos incumplidos e irregulares; deudas impagas e indemnizaciones arbitrarias.

Pero Tallarico se defendió de cada una de las acusaciones, negando por completo su culpabilidad. "Yo no voy a desaparecer por esto. Muchas personas me han demostrado su apoyo. En poco tiempo más voy a poder mirarlos a todos a la cara, porque estoy limpio", dijo en una de las pocas declaraciones que emitió al respecto.

Por su parte, el entonces presidente del Sindicato de Futbolistas Profesionales, Carlos Soto, indicó que "Pablo (Contreras) tuvo una sanción, pero para nosotros su representante es responsable del ciento por ciento de lo que le pasó. No tengo ninguna prueba, pero los jugadores no conocen la forma en que un futbolista puede ser transferido a otro país. En estos casos son utilizados como un objeto".

A raíz del caso de los pasaportes falsos una comisión de la ANFP, presidida por el abogado Juan Pablo Arriagada, abrió en marzo del 2001 una investigación para determinar quiénes eran los responsables de los hechos. Para ello citó a todos los involucrados, nombrados con anterioridad, para que prestaran sus respectivas declaraciones.

Finalmente, y en medio de la más absoluta indiferencia por parte de los diversos estamentos del fútbol chileno, el comité terminó su trabajo a fines de octubre del 2001, sin establecer ningún tipo de sanción ante la falta de antecedentes que probaran algún grado de responsabilidad directa de los involucrados en el caso.

**Parte VII**
**LA VALORACIÓN DEL MEDIO**

La revelación del escándalo de los pasaportes falsos en Europa no hizo más que poner en tela de juicio la labor de los representantes de jugadores, especialmente en cuánto si su presencia constituye o no un aporte para el desarrollo del fútbol.

Obviamente, nuestro país no escapó a este debate. Y es que la imagen que ellos tienen ante los diversos estamentos del balompié nacional varía según quien opine sobre el tema.

Algunos actores futbolísticos los detestan, mientras otros los elogian, todo claro está según el prisma con el que se les mire.

**Críticas**

Uno de los acérrimos detractores en Chile de los representantes de futbolistas es Marcelo Zunino, otrora defensa central del club Audax italiano, quien reconoce que no tiene una buena impresión de los apoderados debido a la mala experiencia que vivió con uno de ellos.

"En general tengo una mala imagen de los agentes. Cuando en 1994 militaba en el equipo Provincial Osorno, sufrí una pésima experiencia con el argentino Eduardo Petrini, quien intentó manejar mi negociación con esa institución en su provecho e intentó ganar más dinero del que yo estaba dispuesto a entregarle por sus servicios", recuerda.

Zunino explicó que los problemas surgieron desde el momento en que "él me comentó que quería obtener cuatro millones de pesos a través de mi fichaje con el cuadro de la Décima Región. Yo le dije que estaba dispuesto a pagarle sólo dos millones".

"Su aporte fue nulo hacia mi persona. En honor a la verdad nunca hizo nada. Sólo apareció, a fin de año, para cobrar. Ante esto decidí romper mis vínculos con Petrini, ya que finalmente me di cuenta del tipo de persona que es", puntualizó el hoy ex jugador.

Otro futbolista que no tiene buenos recuerdos del manejo de este intermediario es el hoy entrenador trasandino nacionalizado chileno Hernán Caputto, quien se desempeñó como arquero y que llegó bajo su alero a Chile.

"Arribé a Osorno junto a mis compatriotas Sergio Gioino y José Luis Díaz, por medio de Eduardo Petrini, quien compró mis derechos federativos al Tigre de la Segunda División del fútbol argentino. Al principio me sentí contento por su gestión. Consideré mi incorporación al club sureño como un paso adelante en mi carrera", recuerda el ex portero, que en la temporada 2001 militó en el club Magallanes de la Primera B local.

Sin embargo, la desilusión pronto embargó al jugador trasandino. "Con el correr de los años me di cuenta de que el único que se sacrificaba era yo mientras él se enriquecía. Es obvio que uno sabe que el empresario tiene que ganar dinero, pero Petrini se olvidaba muchas veces de lo que me correspondía. Lamentablemente, me topé con un agente que en vez de querer levantar mi trayectoria me perjudicó mucho", recordó.

Caputto denunció que en aquella época el apoderado argentino se involucraba sin su conocimiento en el tema de sus remuneraciones. "Me enteré de estas irregularidades a través de los dirigentes de Osorno.

No obstante, ellos no tomaron medidas contra esta situación, ya que en caso de una transferencia ganaban un porcentaje", añadió.

A principios del 2000, Caputto fue nuevamente pretendido por Unión Española, pero Petrini se negó a negociar el fichaje debido a que la institución hispánica le adeudada US$ 25 mil por el préstamo del mismo jugador.

"Ante esto fui a la ANFP para aclarar el tema. Sabía que se estaba atentando contra mis derechos laborales", explicó el ex jugador. Lo paradójico es que en el organismo rector del balompié nacional Caputto aparecía como jugador de Provincial Osorno. Sin embargo, era un secreto a voces que su pase pertenecía a Petrini y que el cuadro sureño sólo actuaba como un intermediario o "palo blanco".

"Pese a que este problema salió a la luz pública, durante siete meses no me pagaron mi sueldo. Tras mucho bregar, finalmente me dieron la libertad de acción. Para ello tuve que resignar mucho en lo económico", indicó.

El futbolista trasandino reconoce que esta experiencia lo motivó a manejarse solo.

La figura del manejador argentino tampoco estuvo bien considerada en Audax Italiano. Según reconoció un ex dirigente del equipo de colonia -que solicitó el anonimato-, cuando el club negoció en 1998 el préstamo del mediocampista transandino José Luis Díaz (que era manejado por Petrini), en medio de las tratativas se intentó bajar el porcentaje que cobraba el agente para sellar la transferencia al considerarse excesivo.

"Él se negó terminantemente a aceptar una disminución en sus ganancias. Lo insólito es que dijo que si queríamos una rebaja entonces debíamos descontar el dinero del sueldo del jugador. Lo más grave del problema es que en esa temporada el intermediario argentino ganaba mensualmente lo mismo que su representado", comentó el ex dirigente.

La misma fuente reveló que a partir de ese hecho Díaz se molestó con su apoderado, lo que se intensificó luego que al año siguiente (1999) pasara a Unión Española totalmente obligado.

"Díaz quería quedarse en Audax porque le ofrecíamos un mejor sueldo. Pero lo que le convenía a Petrini era incorporar, en la Unión Española, un paquete de tres jugadores que manejaba (los trasandinos Hernán Caputto y Pedro González, además del propio Díaz), porque con ello obtenía mayores dividendos. Así perjudicó a José Luis, pero se benefició él", sostuvo el otrora dirigente itálico.

Petrini fue contactado para que hiciera sus descargos al respecto, pero se negó terminantemente a emitir cualquier tipo de comentario, aduciendo que estas imputaciones "no eran más que simples bobadas".

Otra de las acusaciones que pesan contra los representantes de futbolistas y que son muy comunes es que su intervención lo único que hace es encarecer los costos de una transacción, postura que proviene fundamentalmente de las instituciones deportivas.

Uno de los principales críticos en este ámbito es el ex presidente del club Deportes Iquique, Roberto Castañeda, quien culpa directamente a los intermediarios de ser los causantes de la aguda crisis económica que afectó en el año 2000 a la escuadra nortina.

"Algunos de estos personajes hicieron exigencias desmedidas por los jugadores, muchas de las cuales tuvimos que aceptar para formar un plantel competitivo. Incluso uno llegó a pedir que a él y a su representado le habilitaran departamentos con vista al mar, ya que de lo contrario no firmaba", señala.

A juicio de Castañeda, la presencia de los agentes en el fútbol es nefasta ya que con ellos "los montos que implica una contratación o un préstamo siempre suben. Se llevan una parte significativa de las ganancias".

En Audax Italiano pueden dar fe de que los porcentajes aumentan al tratar con un empresario. En 1999 el club de colonia quiso contratar al argentino Claudio Villariño, pero toda la operación estaba entrampada no por lo que iba a percibir el jugador, sino por el dinero que iba a ganar su representante.

Según fuentes allegadas al equipo, "el futbolista cobró por toda una cifra estimada en 30 millones de pesos, mientras que el agente se llevó 7,5 millones de una sola vez".

Esta visión es compartida por Carlos Caszely (por cuya transferencia de Colo Colo al Levante de España se pagaron 180 mil dólares en 1973). El "Chino" no duda en asegurar que "los empresarios han subido los precios. No es posible que un juvenil que no ha debutado en Primera División lo coticen en un millón de dólares, sin haber demostrado todas sus condiciones".

El ex seleccionado nacional afirma que los apoderados tienen cosas tanto positivas como negativas, pero considera que estas últimas son las que en definitiva se imponen.

"No se puede aceptar que algunos de estos tipos hagan firmar contratos a niños de las divisiones menores. Luego no los toman en consideración y sólo aparecen cuando un cuadro los quiere, recordándole al chico que tienen un convenio previo entre ambos. Si hasta se han quedado con un 30% de los dineros en juego", acusa.

Caszely coincide con su ex compañero y técnico Leonardo Véliz, en cuanto a que las normativas que ha dictado la FIFA para regular la actividad de los agentes no han sido en ningún caso efectivas, básicamente porque éstos siempre buscan subterfugios para evadirla.

"Hecha la ley, hecha la trampa, ya que estos personajes buscan las formas para saltarse las normas. Por ejemplo, buscan a un jugador con condiciones y lo ponen en un club, después esperan hasta que se convierte en una figura y luego lo venden en un dineral. Este es un negocio redondo. Ni se mueven de su escritorio y reciben una buena cantidad de dólares", coinciden ambos.

 Véliz, quien como jugador integró las filas de la Unión Española y Colo Colo, declara que no tiene una buena imagen de los representantes. "He visto a futbolistas que lo poco y nada que ganan deben entregárselo a ellos", asegura. Sin embargo, el entrenador también culpa de esto a los propios jugadores por no saber manejar su profesión.

Pero las críticas contra la labor de los agentes de jugadores también traspasan las fronteras. En Argentina, uno de los más ácidos detractores de los procedimientos de estos personajes provino, insólitamente, de sus propias filas: Marcelo Open.

Open, de profesión abogado y que estuvo vinculado a la actividad futbolística desde los 16 años, fue hacia el año 2000 una de las personalidades con mayor ascendencia en el balompié trasandino. Prestó asesorías a jugadores y técnicos. Entre estos últimos su "cliente" más ilustre fue Daniel Alberto Pasarella, ex entrenador de River Plate y de las selecciones de Argentina y Uruguay.

El jurista asegura que nunca ha cobrado un peso por sus servicios porque "me parece inescrupuloso esa suerte de cafishio (sic) moderno en que se han convertido los empresarios. Uno puede llevarse, fácilmente, entre 15 y 20% de una operación prácticamente por no hacer nada".

"En el caso de Argentina se puede decir, sin exageración, que existen más intermediarios que jugadores. Hoy cualquiera quiere ganar dinero a costa de los futbolistas. Como muy bien dijo en una oportunidad un ex ministro de Economía (José Luis Machinea) muchos de estos personajes son verdaderos delincuentes de guante blanco", comentó a su vez Jorge Cruneo, ex dirigente de Futbolistas Argentinos Agremiados (FAA).

A juicio de Cruneo, el trabajo de los apoderados comenzó a tornarse negativo a partir del momento en que "gente que nunca tuvo que ver con el ambiente, de dudosa reputación y carente de moral, vislumbró que en el balompié podían obtener grandes ganancias con un par de operaciones".

Mientras en Chile, quien fuera vicepresidente del Sindicato de Futbolistas Profesionales (SIFUP), Jaime Muñoz, afirmó que los principales cuestionamientos al negocio de los agentes siempre tienen que ver con la indefensión en que muchas veces queda el jugador que, presa de su ignorancia, es engañado.

Muñoz informó que hacia el año 2000, según datos que manejaba el SIFUP, del universo cercano a 600 jugadores profesionales que había en Chile, casi un 50% de ellos se había visto, alguna vez, atrapado por irregularidades de sus manejadores.

"El problema es que sólo el 5% de esos casos son denunciados, básicamente porque la dependencia que el empresario genera es tal, que los jugadores tienen temor de abrir el conflicto", resalta.

En este ámbito, el ex dirigente gremial reconoció que a través de su gestión pudo tomar conocimiento de que "algunos agentes incurren en una serie de vicios y otras situaciones que no consideramos correctas. Por ejemplo, algunos representantes crean una fuerte vinculación con los futbolistas. Esta relación llega a tal punto, que muchos deportistas son literalmente concientizados de que sin ellos -los empresarios- no son nada".

Muñoz dijo que en ciertos casos puntuales algunos intermediarios llegan a manejar las inversiones del jugador, poniendo en riesgo su estabilidad económica futura. "Esto pasó con Jorge 'Coke' Contreras, ex jugador de Palestino, Las Palmas de España, Universidad Católica y Colo Colo, cuyo suegro era su manejador y que prácticamente lo dejó en la ruina, debido a sus malos negocios", resalta.

 A estas denuncias, el ex vicepresidente del SIFUP agregó otras aún más fuertes. "Algunos agentes, como en el caso del argentino Eduardo Petrini, impiden a un jugador firmar en un equipo sin su consentimiento. Otros inescrupulosos han dejado botados a los jugadores". Esto sucedió en 1999 con tres nigerianos que recalaron en el club Osorno, así como un yugoslavo (Popovic) que llegó a Deportes Iquique.

Para Muñoz otra circunstancia condenable es que, a su juicio, la mayoría de los apoderados sólo aparecen para cobrar por sus servicios, pero nunca se les ve defendiendo al futbolista cuando la institución no cumple con el pago de las remuneraciones pactadas.

El ex dirigente sindical también resaltó la falta de ética comercial que demuestran algunos intermediarios, que no dudan en "levantar" jugadores con tal de obtener un provecho monetario.

"Un caso concreto de esto último ocurrió durante el traspaso del seleccionado nacional Ricardo Rojas al América de México. Esa operación fue encabezada por el agente Héctor 'Tito' Olivos, pero como el defensa había firmado, en secreto, un poder con Pablo Tallarico para que él llevara a cabo la gestión, éste último le exigió una indemnización de 200 mil dólares, de los cuales Rojas canceló 40 mil", puntualizó Muñoz.

Lo cierto es que en una actividad que está desprestigiada, hay algunos que quieren "limpiarla" y hacerla lo más transparente posible. Al menos esa fue la postura que, según afirmó, quiso implementar Hugo Rubio, a través de su empresa Pass Ball.

"Nuestra compañía nació a mediados de 1999 con la intención de mejorar el fútbol. Pretendíamos tener importancia en un corto tiempo y poder influir en muchos clubes, jugadores y dirigentes, con la intención de asesorarlos legal y comunicacionalmente. Además, vimos que era un área que hacía falta potenciar en Chile", argumentó Rubio.

**También reciben apoyo**

Pese a todo, también hay quienes consideran que la tarea de los representantes de futbolistas es de suma utilidad. Algunos que comparten esta posición sostienen que para triunfar en el balompié moderno es indispensable contar con un buen asesoramiento.

"Son un mal necesario", afirma medio en broma el ex vicepresidente del SIFUP, quien admite luego en un tono más serio que el negocio también tiene sus bondades para el jugador.

Y es que es innegable que sin la presencia de los agentes muchos futbolistas se quedarían sin equipo, en tanto que las instituciones deportivas no podrían vender los pases de sus figuras en cifras millonarias.

"Ellos conocen los sueldos promedios del mercado, lo que evita que el deportista se encuentre con la sorpresa de que firmó un contrato por mucho menos dinero que un compañero", resaltó Muñoz.

Esta posición es compartida por el ex editor de la revista Triunfo, José González, quien dijo que los apoderados, gracias a sus manejos, han permitido mejorar los fichajes en favor de los futbolistas, debido a que ya no se firma sólo por un sueldo, sino que también se pactan primas, premios y otros beneficios.

"Es un hecho que su presencia ha contribuido a elevar el nivel de vida de los principales actores del fútbol, ya que además de las remuneraciones también se acuerdan otros agregados, como por ejemplo colegio, auto y departamento", manifestó el periodista deportivo.

Quizás, el mayor servicio que prestan se aprecia al momento de sellar una transferencia o un fichaje. "Como los dirigentes se hacen asesorar por abogados para negociar contratos, si el jugador no tiene al lado un representante el club le puede hacer firmar cualquier cosa. Si vas solo, te hacen pedazos", advirtió al respecto el ex dirigénte de los jugadores chilenos Jaime Muñoz.

En este ámbito, se debe destacar que la gran mayoría de los apoderados actúan junto a juristas, cuyos conocimientos son fundamentales a la hora de firmar un convenio de trabajo.

"En el balompié actual, es indispensable contar con la asesoría de alguien que tenga la suficiente preparación y personalidad para lidiar con los dirigentes, que conozca lo que es un contrato, así como las obligaciones y derechos que emanan de éste, los cuales muchas veces son desconocidos por los futbolistas", explicó el entrenador nacional Leonardo Véliz.

Por otro lado, para un jugador desconocido es difícil fichar en otro equipo si no tiene un representante que lo ofrezca y lo promocione, sobre todo si desea partir al extranjero.

En esta materia, el periodista argentino Ariel Longueira, quien por varios años se desempeñó como director de la revista especializada trasandina SuperFútbol, no duda en aseverar que la labor del agente es "necesaria e incluso, indispensable".

"El asesoramiento que prestan es fundamental, sobre todo en lo concerniente a lo que son las cláusulas contractuales que van a ligar al club con el futbolista, quién no sabe y no tiene por qué saber acerca de las leyes laborales que rigen en un determinado país", expresó Longueira.

El periodista trasandino resaltó la importancia que tienen en cuanto a la apertura de mercados que hacen desde el punto de vista nacional. "Por ejemplo, en Chile está el caso de Marcelo Salas, cuyo pase fue adquirido por el empresario Gustavo Mascardi, quien puso al 'Matador' en un mercado como el argentino que lo valorizó. Él respondió con creces y se ganó su ingreso al fútbol de Italia", comentó.

Longueira añadió que en Argentina hay muchos jugadores que no tenían equipo y que, gracias a intermediarios, han partido a otros medios sudamericanos, europeos, asiáticos e incluso africanos. Esta situación se dio en Chile a principios del 2001, cuando varios futbolistas cesantes que entrenaban en las instalaciones del SIFUP fueron llevados a China para probar suerte.

Los representantes logran, a veces, grandes aciertos. Consiguen contratos que nadie esperaba que fueran tan buenos. "Es el caso del seleccionado nacional Rodrigo Tello, quien pasó de la Universidad de Chile al Sporting de Lisboa en siete millones de dólares. Otro ejemplo es el de Eros Pérez, lateral de Palestino y poco promocionado. Se fue al cuadro argentino Colón de Santa Fe por varios cientos de dólares", indicó el ex vicepresidente del SIFUP, Jaime Muñoz.

También hay jugadores que hablan bien de sus apoderados, que, por el bajo nivel intelectual de los futbolistas, llegan a convertirse en verdaderos "padres".

Así lo afirma Carlos Caszely, quien reconoce en el agente de origen uruguayo Washington Castro, a uno de los profesionales más respetados del medio. "Muchos jugadores me han hablado muy bien de él. Incluso aseguran que en aquellas oportunidades en que se han quedado sin club, y han comenzado a tener problemas económicos, Washington ha sacado dinero de su bolsillo para ayudarlos", contó.

Otro apoderado chileno bien evaluado por los deportistas es el rancagüino Eduardo Peña, cuyo prestigio le ha permitido hacer buenos negocios, como la venta del arquero Nelson Tapia a la institución argentina Vélez Sarsfield.

"Todo resultó muy bien, como debe ser. Ellos lo conocían, les enviamos un currículum adicional, se afianzó el negocio y listo. Trato cerrado y todos ganaron", señaló el intermediario nacional.

**El manejo de los clubes**

Con respecto al trabajo de los representantes de jugadores, una voz importante y autorizada es la de los clubes, que están directamente involucrados en el tema pues muchos de ellos dependen de un traspaso para financiar al equipo, a veces hasta por todo un año.

Una de las instituciones que no se manejó con un empresario fue Palestino, práctica que se implementó durante la presidencia de Elías Abufón. Sin embargo, el propio ex timonel del cuadro de colonia árabe reconoce que al asumir las riendas debió pagar el "noviciado", puesto que tuvo que lidiar con ellos para asegurar su patrimonio, en este caso el pase de los futbolistas.

"Cuando asumimos el control de la institución tuvimos que pagar algunos costos, que ahora es mejor no recordar, pero aprendimos que tanto los jugadores como los técnicos tienen un representante y los respetamos. Ahora nosotros lo miramos desde nuestro punto de vista y como Palestino tenemos nuestras normas para tratar con ellos", declaró el ex dirigente.

Abufón explicó que cuando los agentes llegaban al

club con una oferta por un futbolista siempre eran atendidos. "Si es conveniente la aceptamos, sino la desechamos y esperamos otra mejor. A veces poníamos un precio y mientras nos respeten esa cantidad no nos importa en cuanto lo vendían", añadió.

En todo caso, el ex presidente de Palestino consideró que los apoderados son actores importantes en el balompié contemporáneo. "La figura del empresario es necesaria siempre y cuando sus prácticas se enmarquen en un ámbito lícito", sentenció.

Unión Española tenía a principios del año 2000 a un gerente técnico que se ocupaba de tratar con los apoderados. El encargado era Francisco Ugarte, ex jugador del club, quien explicó que "más que el gerente técnico, era el general mánager. Veía las negociaciones tanto dentro como fuera del país. Hacía el nexo entre Unión y los empresarios, pero todo bajo las atribuciones que me brindaba la institución".

En Universidad de Chile el tema era parecido, ya que por muchos años el encargado de llevar las tratativas para estas materias era su asesor, Pedro Cárdenas, quien se preocupaba de todo lo referente a los traspasos y contratación de futbolistas.

No obstante, a lo largo de la década de los noventa, la "U" trabajó prácticamente sólo con dos empresarios, ambos de origen trasandino: Diego Solivaret y Gustavo Mascardi. Este último fue el que compró los pases de Marcelo Salas y Rodrigo Tello, posteriormente vendidos a River Plate y al Sporting de Lisboa de Portugal, respectivamente.

Pero en lo concerniente a cuánto gana y cuánto pierde un equipo al trabajar con un intermediario, una buena respuesta la entrega Ugarte.

"El club no pierde, pero deja de ganar ciertos recursos. Hay agentes que tienen fijadas sus comisiones, pero siempre hay que poner las reglas claras. A Unión Española llegaban distintos personajes a ofrecernos negocios y cuando aceptamos, los contratos los finiquitamos de institución a institución. Si un representante prestaba algún servicio, la comisión que exige sólo se le pagaba una vez que llegaban a nosotros los dineros correspondientes a la transacción", subrayó el ex funcionario del cuadro hispano.

Pero más allá de las diversas percepciones que se tengan respecto de la actividad que desarrollan los representantes de jugadores, lo cierto es que en lo que todos concuerdan es en los aspectos que diferencian a uno bueno de uno malo.

"Un agente que se precie de profesional necesita contar con una adecuada implementación logística. Además de una oficina para atender exclusivamente los asuntos de sus clientes, debe contar con una base de datos con información actualizada de sus pupilos, carpetas de estadísticas, una completa colección de videos y una óptima red de contactos a nivel nacional e internacional", apuntó el periodista argentino Ariel Longueira.

Para el ex asesor de la ANFP, Alfredo Asfura, la diferencia está en que "el servicio que se ofrece sea beneficioso en todo sentido para quien lo contrate, incluso para el propio empresario. Si el futbolista queda satisfecho, entonces su asesor es bueno. En cualquier caso, el mercado se encargará de premiarlo o castigarlo, porque en el balompié a la larga todo se sabe".

Una visión más amplia de la profesión es la que propugna Eduardo Peña, quien sostiene que "el representante, más que ejercer esa labor, debe ser un guía".

"Lo importante no es trabajar con un jugador exitoso, sino que es permitir que aquellos jugadores que no tienen tantos contactos y habilidades logren las instancias para disfrutar de su actividad", concluyó.

## Parte VIII

## CUESTIONAMIENTOS ÉTICOS

Más allá de las críticas y adhesiones que con o sin justa razón generan los agentes de jugadores en el medio futbolístico nacional e internacional, quizás el aspecto más controvertido que rodea su figura gira en torno a sí su función se condice con los principios éticos y morales.

Los cuestionamientos en este plano pasaron definitivamente a forma parte del debate público a partir de las diversas transferencias de futbolistas que alcanzaron cifras millonarias, como la que protagonizó en junio de 1999 el delantero italiano Christian Vieri, quien pasó desde el club romano Lazio al Inter de Milán por 49 millones de dólares.

Sin embargo, el fichaje del atacante italiano no es el más caro. Para muestra dos ejemplos: En junio del 2001 el francés Zinedine Zidane fue traspasado del club italiano Juventus de Turín al Real Madrid en una operación que alcanzó los US$ 67 millones, mientras que el año anterior el portugués Luis Figo pasó a esta última institución desde el Barcelona por 55 millones de la moneda estadounidense.

La contratación de Vieri, uno de los más sonados de la temporada 1999, llevó al diario *L'Osservatore* Romano, medio de prensa del Vaticano, a analizar cuáles eran las interrogantes humanas y éticas que planteaba el escenario deportivo, donde a su juicio "los jugadores se convierten en peones del marketing, controlados por sueldos astronómicos".

En una extenso y profundo reportaje, el periódico de la Santa Sede analizó bajo criterios morales la contratación de Vieri constatando, en primer lugar, las perplejidades que suscitan en la opinión pública los fichajes y remuneraciones de los futbolistas.

"Cuarenta y nueve millones de dólares son demasiados. Es una ofensa para los pobres y adquiere un carácter grotesco para la situación de millones de personas que viven en condiciones infrahumanas en el orbe. Episodios como éste no son educativos. La palabra escándalo, etimológicamente, también quiere decir insidia, en este caso al deporte y a los valores que representa", aseguró el matutino romano.

"El mundo del fútbol -añadió la publicación- haría bien en confrontarse también sobre este plano (moral), teniendo en cuenta que las reglas del mercado por sí solas no bastan y que valorar algo desde el punto de vista ético no significa moralismo, sino simplemente preguntarse si es justo y aceptable".

El diario del Vaticano afirmó que la exorbitante cifra que implicó el traspaso de Vieri revelaba que la prioridad ya no es el acontecimiento deportivo en sí, sino lo que gira en torno al dinero. "En la práctica, se altera la escala de valores. Los negocios son negocios, lo demás no cuenta", añadió.

L'Osservatore Romano concluyó su análisis con una inquietante pregunta y una perturbadora respuesta. "¿Qué queda del balompié, o, más bien, de los ideales y de los valores que promovía el deporte? En un contexto en el que quienes dictan las normas son los patrocinadores y los grandes imperios comerciales, el fútbol se convierte en un instrumento y, en cuanto tal, utilizable, donde los jugadores se transforman en meros objetos manejados por los empresarios".

Inequívocamente, esta última aseveración constituye una dura crítica hacia la labor de los representantes, ya que en cierto modo los equipara a la función de simples "mercaderes" que tendrían la capacidad para decidir el futuro profesional de un deportista en función del dinero.

Esta situación es reconocida incluso entre algunos agentes como el chileno Eduardo Peña, para quien este fenómeno es una realidad que se aprecia a simple vista en el mercado.

"Es indudable que hay un alto porcentaje de colegas que actúan como verdaderos comerciantes y que consideran al jugador como desechable. Mientras les sirve lo usan; cuando no, lo abandonan", comenta.

Esta posición es compartida por el ex seleccionado nacional Carlos Caszely, para quien lisa y llanamente la gran mayoría de quienes se dedican a la representación futbolística "son mercaderes". "Los tipos son empresarios y, como tal, quieren ganar dinero, lo cual es su único fin", declara tajantemente.

Incluso si se efectúa una reflexión más profunda con respecto al tema, no sería descabellado llegar a la conclusión que se estaría en presencia de una nueva forma de "esclavitud moderna", o bien, ante la reedición de la "explotación del hombre por el hombre" (concepto acuñado por los ideólogos del marxismo), sobre todo si se toma en cuenta el poder casi omnipotente que ejercen algunos agentes respecto de sus representados.

Para el ex jugador y técnico chileno Leonardo Véliz, esta "explotación" más que una ficción sería una realidad que estaría condicionada básicamente porque "vivimos en un medio en donde todo se transa, donde todos tenemos un precio, dígase jugadores, entrenadores, intermediarios y dirigentes".

Quizás esto mismo explicaría que durante el último tiempo en el escenario futbolístico se dice con mayor asiduidad que un futbolista fue "vendido" a un club y no "contratado" por éste.

A juicio de Mario Benedetti, uno de los más famosos escritores uruguayos y reconocido amante del balompié, el jugador ha pasado "a ser una pieza de consumo y especulación por culpa de una superestructura futbolística abyecta que relega a la última fila valores básicos como la dignidad y el respeto hacia la persona humana".

Sin embargo, el autor de laureadas obras como "La tregua" y "Gracias por el fuego" señala que quienes manejan los destinos del fútbol y de los jugadores no son los únicos culpables de este fenómeno.

"Aunque ellos estimulan y envilecen un sistema por razones que no son, por cierto, las del bien común, por encima están las infundadas, abusivas y vejatorias normas de la economía de mercado y las leyes de la oferta y la demanda, que nos afectan a todos", explica.

Por esta razón Benedetti considera que centralizar la responsabilidad de esta situación en las eventuales exigencias económicas de los jugadores es cerrar los ojos ante el problema. "Después de todo, el deportista es el eslabón más frágil de toda esta cadena mercantil: su disponibilidad es a corto plazo, y esto siempre y cuando ninguna lesión corte abrupta y prematuramente su carrera", expresa.

Al respecto, el periodista argentino Ariel Longueira admite que la vida del futbolista como profesional del balompié es corta, por lo que resulta comprensible que desee hacer dinero con rapidez para asegurar su estabilidad económica futura. No obstante, señala que varios de estos deportistas se han visto atrapados por la comercialización, llegando a revelar conductas casi deshumanizadas.

"Es chocante que un jugador que gana al año una fortuna, digamos, cuatro millones de dólares, desee y acepte ir a otra institución a ganar seis millones, y que su explicación sea simplemente 'soy un profesional' como declaró Cristian Vieri. ¿Es que acaso ser profesional implica solamente obtener dinero? ¿Mejorar profesionalmente significa ganar más? Si es así, entonces nuestros valores están totalmente trastocados", puntualiza con vehemencia.

Pero más allá de estas consideraciones, lo único cierto es que la comercialización del fútbol es un hecho concreto y que quienes dictan las pautas son las empresas multinacionales, los patrocinadores, la televisión, los directivos y los intermediarios.

Ahora bien, se trata de una mercantilización que no reconoce fronteras y ni edades. Las historias de Ariel Hugetti, Gonzalo Ludueña y Gerardo Castro lo demuestran. Ellos además de tener la misma nacionalidad -argentina- comparten una realidad: son "chicos-estrella" que no sobrepasan los 15 años, provienen de hogares de escasos recursos y que en torno a su talento han comenzado a rondar grandes sumas de dinero.

El caso de Hugetti cobró notoriedad pública en 1998 luego que un "visionario" empresario local de una industria de plásticos, deslumbrado por la habilidad del menor que en ese entonces sólo tenía 12 años, compró el 50% de sus derechos de representación a cambio de US$ 50 mil.

Posteriormente, este nuevo intermediario colocó al pequeño oriundo del barrio bonaerense de Billinghurst en el popular club trasandino Boca Juniors. En el año

2001, Hugetti fue nuevamente el centro de la noticia: Boca lo vendió al Barcelona de España por la no despreciable suma de 550 mil dólares. Pese a que no sobrepasaba los 15 años, su pase ya se calculaba por aquel entonces en cuatro y medio millones de la divisa norteamericana.

También en 1998, un grupo de empresarios de la construcción de la ciudad argentina de Córdoba adquirieron los derechos federativos del niño Gonzalo Ludueña, a la sazón de 12 años, por US$ 12 mil. Los dueños del pase del precoz delantero (cuyo padre Luis "Hacha" Ludueña jugó como profesional en el club Talleres de Córdoba) hicieron un negocio redondo al traspasarlo a River Plate por 150 mil dólares.

Pero indiscutiblemente la situación que generó más polémica fue la de Gonzalo Castro, un menor de escasos 9 años que vivía en el barrio bonaerense de Grand Bourg, cuyo padre recibió de un intermediario 25 mil dólares para que su hijo pasara a militar en el River Plate.

¿Realmente está el fútbol tan mercantilizado que no se duda en tentar con significativas sumas de dinero a menores que recién comienzan a tomar conocimiento de lo que es la vida?

La respuesta a todas luces parece ser positiva. De otra forma no se explica cómo un pequeño que está comenzando a divertirse con un balón ya tenga fijado un precio de mercado.

Lamentablemente, este tipo de hechos no son aislados. El técnico chileno Leonardo Véliz, quien trabajó en las divisiones inferiores del Sporting de Lisboa (Portugal), afirma que en Europa esta práctica es habitual y se ve "en todos los niveles, incluso desde las escuelas de fútbol, donde hay chicos de 8, 10 y 11 años que llegaron de Sudamérica y África con la aprobación de sus familias que recibieron a cambio significativos incentivos monetarios".

A juicio del entrenador, estaríamos en presencia de un virtual "comercio de niños-estrella", cuyas destrezas están siendo cultivadas para obtener a mediano plazo un beneficio futbolístico y económico.

Tanto para Véliz como para Carlos Caszely, esta "precoz comercialización" es un fenómeno negativo que ya no puede ser detenido, fundamentalmente por la gran cantidad de dineros e intereses que están en juego. "Donde está el dinero, su ley es la única que vale", concluyen ambos.

**Parte IX**
**NUEVAS REGLAS DEL JUEGO**

Pero al margen del gran caudal de acusaciones que pesan contra los representantes de jugadores, los diferentes estamentos que conforman el fútbol reconocen que las complejas condicionantes económicas que imperan actualmente hacen absolutamente necesaria su presencia.

Sin embargo, también existe consenso en que el correcto desarrollo del balompié exige, como requisito indispensable, poner punto final a las diversas irregularidades que sus actividades han generado a lo largo del tiempo.

Para muchos entendidos en la materia, el mejor método para poner coto a los abusos pasa por institucionalizar y normar completamente la labor de los intermediarios.

Esta posición es compartida por el ex asesor jurídico de la ANFP, el abogado Juan Pablo Arriagada, quien destaca que los primeros pasos en este sentido fueron dados por la FIFA a partir de la dictación en marzo del 2001 del "Nuevo reglamento para agentes de jugadores".

"Este cuerpo normativo que pretende terminar con los vicios que surgen en la mucha vez riesgosa relación jugador-manejador es, sin lugar a duda, la reforma más radical a un sistema que era oscuro y desordenado", afirma el jurista chileno.

Entre los avances que presenta el citado reglamento, Arriagada destaca que cada asociación tiene ahora la responsabilidad de tramitar y expedir las licencias a los representantes, único documento que permitirá a un agente ejercer como tal.

"Sin este documento ninguna transacción en que intervenga un apoderado será legal, lo que al mismo tiempo obligará a los jugadores a no firmar contratos de representación con individuos que no sean licenciados por la ANFP, ya que de lo contrario se expondrá a severos castigos", explica.

Para los intermediarios las sanciones van desde la censura por escrito hasta el retiro de su licencia; los deportistas pueden llegar a ser suspendidos hasta por un año; en tanto que los equipos están expuestos a ser penalizados hasta por la cesación de toda actividad deportiva local o internacional.

Junto con rendir un examen escrito sobre materias relativas al derecho laboral, contractual y transferencias, el nuevo reglamento exige que los manejadores tienen el deber de contratar una póliza de garantía de responsabilidad civil, que permitirá responder ante eventuales demandas originadas por cualquier conducta suya que vulnere los preceptos estipulados en la normativa.

"Además se estableció un único modelo de convenio - que tendrá una vigencia máxima de 24 meses- para constituir la relación entre un representante y un futbolista, el cual tiene que ser entregado a la ANFP. Con esto se apunta a evitar los pactos secretos y el consiguiente "levantamiento de representados", asevera el abogado.

Otro hecho relevante es que por primera vez se enmarca las sumas de dinero que el jugador debe pagar a su apoderado por sus servicios, lo que imposibilitará a estos últimos a cobrar comisiones sobre primas y premios.

El nuevo estatuto también intenta abarcar uno de los aspectos de la labor de los manejadores en donde más se han concentrado las críticas: la idoneidad ética. "Ellos deben firmar un código deontológico donde se deben comprometer a desempeñar su trabajo de manera digna, justa y honorable, respetando tanto los derechos del futbolista como de sus colegas", expresa el exasesor jurídico de la ANFP.

No obstante, Arriagada admite que el cuerpo legal no regula algunas circunstancias tales como la celebración de contratos de exclusividad entre empresarios de jugadores y clubes. "Esta práctica no fue abordada ya que sería entrometerse en la autonomía de los equipos", añade.

Asimismo, pese a que se excluye definitivamente la opción de cobrar porcentajes por transferencia por parte del apoderado, éste no está inhabilitado para exigir a la institución, una vez cerrado el negocio, una comisión por la venta.

Finalmente, los clubes podrán seguir manteniendo en secreto los montos totales de los traspasos. "No se puede exigir a un equipo que informe en cuánto vendió a un deportista. Es un asunto de confidencialidad que forma parte de sus prerrogativas", apunta.

Pero sumando y restando, resulta evidente que la nueva normativa constituye un valioso aporte a la hora de reglamentar la muchas veces cuestionada labor que desarrollan los agentes de futbolistas.

Así lo considera el jurista chileno, quien coincide en que este estatuto contribuirá a la larga a mejorar la transparencia de las relaciones entre los jugadores, clubes e intermediarios, así como a perfeccionar la supervisión de las actividades de los manejadores y sus clientes.

"Aún es prematuro evaluar la aplicación del reglamento, pero creo firmemente en que dará buenos resultados porque trata de abordar la casi totalidad de los vacíos que daban pie a las irregularidades que cometían los intermediarios. Indudablemente que no se van a acabar todos los vicios, pero al menos ya tenemos una valiosa herramienta para devolverle al fútbol parte de la dignidad que había perdido", sentenció.

## CONCLUSIONES

A pesar de los avances destacados por el ex integrante de la ANFP en lo concerniente a la reglamentación de la labor de los representantes, hay otros que estiman que los vicios que se producen en esta actividad no pasan esencialmente por una ausencia o vacío normativo, sino que más bien por un problema de valores.

"Las normas sólo pueden reglar las conductas, no crearlas", admite al respecto el jurista español Luis Marín Hita, para quien el mejoramiento de la imagen de los apoderados sólo se logrará en la medida en que el aspecto formativo y ético prime por sobre lo regulatorio.

Por otro lado, algunos sostienen que el gran problema radicaría en la falta de compromiso de los manejadores, cuestión que no es menor si se toma en cuenta una serie de ejemplos que sirven para evidenciar que algunos empresarios, no todos, han estado y seguirán operando fuera del marco que impone la FIFA.

Y es que el organismo mundial ha intentado normar esta actividad desde que apareció, sin obtener lo resultados esperados. Como explicó Alfredo Asfura, en el momento en que se pretendió registrar a los agentes, sólo lo hicieron alrededor de 600, una cifra poco significativa si se considera que en el orbe operaban cerca de seis mil.

La clave del asunto está en que ellos no tienen la obligación de hacerlo, puesto que no pertenecen a ningún estamento ni público ni privado relacionado con el fútbol. Para tomar en cuenta, el balompié es como una cadena. Un jugador pertenece a un club y éste a una asociación, la que a su vez integra una

Confederación, la que finalmente está afiliada a la FIFA.

En este cuadro de relaciones, cabe preguntarse en qué lugar del organigrama se ubican los intermediarios. Aparentemente, la respuesta sería simple: en ninguno.

A esto, se agregan dos importantes factores. En primer lugar, ellos no tienen ningún impedimento legal que los coarte para ejercer la profesión, lo que se suma al hecho no menos significativo de que su presencia, para bien o para mal, siempre ha contado con el beneplácito de los clubes, dirigentes y jugadores.

También cabe recordar que, en el caso de un traspaso, en el contrato que se firma no es necesario que aparezca el nombre del intermediario, ya que el negocio puede ser cerrado entre los equipos.

En este caso, la comisión que se le da al gestionador de la transferencia se le puede entregar después, como lo recordó Francisco Ugarte, quien afirmó que "el trato lo cerramos entre las instituciones. Después, cuando llega el dinero, le entregamos al empresario su respectivo porcentaje".

Las consideraciones expuestas anteriormente en ningún caso quieren decir que los intentos por normar la actividad sean malos o deficientes. Sólo se quiere evidenciar que los encargados de regular esta labor no cuentan con todos los mecanismos y herramientas pertinentes para hacerlo.

Muchos se pueden inscribir en sus respectivas federaciones y conseguir el rango de "agente" con el fin de darle más transparencia a sus carreras, pero es casi un hecho que hay otros que no lo harán y seguirán operando, tal vez en forma más anónima o "subterránea". Sin embargo, de cualquier forma, continuarán obteniendo una ganancia por su trabajo.

Por último, a mediados de la década del noventa la ANFP intentó normar los contratos entre los futbolistas y sus respectivos equipos exigiendo el depósito de una copia en el organismo.

No obstante, en varios casos se ha detectado que los que finalmente llegan a firmar estos convenios no son los agentes públicos, ya que muchos jugadores han reconocido que mantienen otro apoderado en forma privada, quien a fin de cuentas es el que vale a la hora de cobrar a fin de mes.

Entonces, si un ente local que rige este deporte no puede ni tiene las atribuciones requeridas para hacer valer sus términos ante los manejadores de jugadores ¿por qué lo hará la FIFA si estos personajes no pertenecen a ella?

En este ámbito, sólo el tiempo y el desarrollo del fútbol se encargarán de despegar esta incógnita.

## EPÍLOGO

Han pasado casi 20 años desde la publicación de esta memoria para optar al título de periodista de la Universidad Andrés Bello y en el ambiente aún siguen las mismas incógnitas respecto de los agentes o actuales intermediarios de futbolistas.

El reglamento de la FIFA era claro y preciso sobre la función de los representantes, "como la persona física que, mediando el cobro de honorarios, presenta jugadores a un club con objeto de negociar o renegociar un contrato de trabajo o presenta a dos clubes entre sí con objeto de suscribir un contrato de transferencia".

Así cada federación otorgaba una licencia al agente, no la propia FIFA, por lo que algunas veces eran amigos de los propios dirigentes los depositarios de las confianzas para poder negociar las transferencias a nivel local e internacional.

No obstante, el ente mundial cambió las reglas y dejó de lado el concepto de agentes y los denominó mediadores o intermediarios, y que entró en vigor el 1 de abril de 2015.

Mientras en Chile muchos de los nombrados en el reportaje ya no ejercen o tienen muy poca influencia en el mercado. Entremedio apareció la "generación dorada", que partió en el Mundial de Canadá de 2007 y tuvo su momento cúspide en la obtención de la Copa América 2015 y Centenario 2016.

Muchos de ellos, partieron siendo manejados por el argentino Fernando Felicevich (empresa Twenty Two), quien ha hecho de Chile un trampolín para sus negocios y quien en la actualidad sigue a cargo de cerca de ocho seleccionados nacionales que participaron en la última Copa América, entre ellos Arturo Vidal, Alexis Sánchez y Gary Medel.

A algunos no les genera simpatía su estilo y cercanía con los jugadores top del fútbol chileno. "Los entrenadores chilenos no tienen opción en la Roja porque Fernando Felicevich manda hasta en la selección, pero nadie se atreve a decirlo, no hay nadie quién lo diga", reclamó Hernán "Clavito" Godoy cuando se anunció la contratación de Martín Lasarte para la "Roja".

 Algunos lo ven como el Paco Casal del fútbol chileno y otros lo miran con admiración por lo que ha logrado, pero las suspicacias por su entorno siguen, aunque desde su empresa niegan alguna actuación impropia. De hecho, los cambios de la FIFA apuntan a una mejor regulación sobre la protección de los futbolistas menores de edad, cartera fecunda del representante argentino. "El intermediario no va a recibir comisión alguna", señala el nuevo reglamento. Aunque se sabe que hecha le ley hecha la trampa…

Para algunos el nuevo marco regulatorio "ofrece un marco global que deja un mejor control de las transacciones relacionadas con traspasos de futbolistas para acrecentar la trasparencia".

Pero sigue quedando la duda, por ejemplo: ¿Se cumple con transparentar las remuneraciones y pagos hechos a los intermediarios por transacciones en las que han intervenido? ¿Hay conflicto de intereses entre las partes involucradas, ya sea entre dirigentes, jugadores, entrenadores e intermediarios?

Han pasado 20 años y el mundo del fútbol, regulado por la FIFA, sigue con las mismas incógnitas, mientras el negocio sea regulado por un ente externo y lejos de los tribunales de justicia.

**BIBLIOGRAFÍA**

* Reportajes sobre el tema en Chile. Diarios La Tercera, La Nación.

* Reportajes sobre el tema en medios internacionales. Periódicos Olé y El Mundo de España; La Nación y Clarín de Argentina.

* Reglamento sobre Agentes de Jugadores. Federación Internacional de Fútbol Asociado (FIFA). Comité Ejecutivo. Año 2000.

* Reglamento de la Asociación Nacional de Fútbol Profesional (ANFP) 2001.

* ¿Cómo se robaron la copa? David Yallop. Editorial Oveja Negra. 2000.

* Cien años del fútbol chileno. Edgardo Marín. 1995.

* El fútbol a sol y sombra. Eduardo Galeano. Editorial Pehuén. 1999.

* Consideraciones sobre los agentes deportivos. Luis Marín Hita. Ensayo publicado en el diario La Ley de España. Noviembre de 1997.

* El caso Bosman: sus consecuencias. Juan de Dios Crespo López. Ensayo publicado en la revista General Informática de Derecho. Año 1996.

* Circulares de la Federación Internacional de Fútbol Asociado (FIFA). Marzo y abril del 2001.